진로
코칭
워크북

대학 1학년이 인생을 결정한다!

Preface

진로(進路) 앞으로 나아갈 길.

"이 길로 가면 너는 성공할 것이다."
"이것을 하면 당신이 원하는 삶을 살 것이다."

라는 말을 누군가 해준다면, 이 말을 해준 사람을 있는 그대로 믿고 의지하고 싶은 시기가 바로 20대이다. 그만큼 내가 불완전한 존재이고, '정해진 것이 없다.'라는 것에 좌절하는 첫 번째 인식의 시기이도 하다.

하지만, 어느 누구도 어떤 것도 내 인생을 책임져줄 수 없다. 내가 선택하고 책임져야 한다. 누구에게나 오는 20대의 시기 중에 선택과 책임을 가장 자연스럽게 배울 수 있는 때는 대학을 다닐 때이고, 그 연습과 학습으로부터 20대 후반의 자신의 길을 펼쳐나갈 수 있다.

이 책은 대학을 다니고 있는 대학생들, 특히나 진로를 정해야하는 1,2학년생들을 위한 것이다. 대부분의 대학생들이 학년에 상관없이 자신의 정해지지 않은 진로로 인해 어떤 것을 해야할지 몰라서 불안해하고 걱정한다. 진로의 첫 번째는 내가 누구인지 아는 것에서부터 시작한다. 내가 어떤 사람인지 상세하게 알고, 알게 된 것을 통합하여 그것을 통해 무엇을 잘 할 수 있는지를 알면 진로의 반은 정해졌다고 볼 수 있다. 그 다음은 실행과 시도로 경험을 통해 검증해나가는 것이다.

코칭[coaching] 개인이 지닌 능력을 최대한 발휘하여 목표를 이룰 수 있도록 돕는 일을 가리키는 말이다. (참조: 두산백과)

자신을 알고, 성과를 내는 가장 좋은 도구는 단연 코칭이다. 누군가 정해준 길을 가는 것이 아니라, 가지고 있는 능력을 최대한 발휘하여 원하는 길을 찾아갈 수 있도록 도와

준다. 코칭은 질문을 통해 답을 하는 구조로 되어있으므로, 이 책에는 직접 작성해나가는 방식을 통해 자신을 최대한 알아가도록 되어있다.

[코칭의 기본전제]

1. <u>모든 사람에게는 무한한 가능성이 있다.</u> - 나의 가능성을 찾고, 발견하기만 하면 된다.
2. <u>필요한 해답은 그 사람 내부에 있다.</u> - 나의 인생이므로, 내가 선택한 것이 해답이다.
3. <u>탁월한 삶을 위해서는 파트너가 필요하다.</u> - 나의 삶을 위해 나를 무조건적으로 지지해주고, 응원해 줄 조력자가 필요하고 그것이 이 책이 되기를 바란다. 혼자 책을 보고 하기 어렵다면, 친구와 함께하는 것도 좋은 방법이다.

이 책의 마지막 부분은 나에 대해 알아간 것들을 통합해보도록 되어있다. 자신이 어떤 사람인지 알 때, 자신에 대한 확신이 생기고 그것을 통해 자신의 길을 만들어갈 수 있기 때문이다. 특히나 1, 2학년인 저학년 때 이 책을 통해 자신의 인생지도의 확실한 가이드라인을 세우고, 그 중심을 가지고 경험의 폭을 확장시켜야 한다.

또한 대학생활에서 가장 중요한 진로를 찾는 데에 있어 이 책이 유용한 가이드북이 되고, 자신에 대한 긍정적이고 확실한 자원을 구축하여 자신의 인생에 깃발을 꽂기를 바란다.

Contents

'Young'
영점에서 다시
시작하라.

Contents

Chapter
01

Chapter 01

'Young' 영점에서
다시 시작하라

1. 너도 나도 대학생, 나는 왜 다니는가?

거금들여 먹고살 곳 찾는다.

민규는 지금 A대학교 2학년생이다. 얼마전까지만해도 고등학생이었던 것 같고, 수능 끝난지 얼마되지 않은 것 같은데 벌써 1년의 시간이 지났다. 요즘엔 같이 술마시며 놀던 선배들 이제는 취업준비를 해야한다며, 분주해진 모습을 보니 갑자기 민규도 불안해지기 시작했다. 수능 점수에 맞춰서 국제무역학과를 선택하고, 대학 합격에 온 집안이 들썩이며 축하해줬는데, 1년을 다녀보니 정말 나에게 맞는 전공인지도 잘 모르겠다. 차라리, 취업을 잘할 수 있다는 경영학과에 갈 껄 그랬나 하는 후회가 들기도 한다. 곧 군대도 가야하는데 말이다. 취업, 직업. 이것이 요즘 전 세계 대학생들의 가장 강력한 화두다. 유치원을 제외하고, 초등학교 6년, 중학교 3년, 고등학교3년을 다니는 이유는 대학을 잘 가기위해서이고, 그 대학을 가는 이유는 취업을 잘하기 위해서인 경우가 점점 더 많아지고있다. 그 덕에 사교육이 기승을 부리고, 대학 재학 기간동안에는 입사서류에 한 줄이라도 더 쓸 수 있는 스펙을 쌓기위해 몸 부림을 쳐야한다. 취업이 인생의 종착지인 것처럼 달려나가서, 자신이 무엇을 원하고 있는지, 어디로 가고 있는지도 모르는 학생들이 많아지고있다. 나는 학교다닐 때 한번도 대학을 왜 다니는지 생각해 본적이 없었다. 중·고등학교 때 그렇게도 갈구하던 내 마음대로 쓸 수 있는 시간들이 주어졌는데, 그것을 난 자유라는 이름으로 방탕스럽게 써버렸다. 대학 1학년에는 수업듣고, 공강 시간에 친구들과 수다 떨고, 저녁에 학과 또는 동아리 모임하고 나면 하루가 끝났고, 중

간고사 기말고사 2번씩 보고나니 1년이 지나갔다. 여름방학에 다녔던 영어학원은 다시 겨울방학에 레벨1으로 다시 다녔다. 이렇게 3년을 지냈다. 방학에만 공부하니 당연히 3학년이 되어도 레벨 1이었다. 그러던 나는 4학년이 되었고, 누군가가 내 인생을 가이드 해주고, 이렇게해라 저렇게해라 지시를 내려주기를 바랬다. '이대로만 하면, 탄탄대로의 인생을 걷게 될 것이다."라는 확신을 줄 곳을 찾아헤맸다. 초,중,고의 기계적인 학습법에 길들여진 나는 '나 혼자는 자신이 없어.'라고 이야기 하고있었다.

나는 대학을 왜 다니는가?

"미래의 꿈을 위해서"라고, 약간은 불안하지만 자신있게 말할 수 있다면, 대학에 다니는 이유가 있는 것이다. 하지만, 대부분의 학생들은 이유를 모르고 다니고, 졸업후에 무엇을 할지 생각하지 않는다. 졸업 후에 어디로 취업할지 생각하기 전에 현실을 직시하여, 자신의 상황을 살펴볼 필요가 있다.

교과부 통계사이트 대학알리미에 공시된 2012년도 수도권 4년제 대학의 당해년도 평균 등록금 액수는 690만5000원이라고 한다. (한 학기 평균 등록금은 약 345만원이다.) 4년을 계산하면, 2천762만원이다. 4년간 학비외에 드는 생활비외 스펙 쌓기 위한 비용까지 감안한다면, 4년간 드는 비용은 대기업 신입사원 연봉기준으로 1년에 전혀 소비하지 않은 것으로 계산해도 4년정도의 시간이 걸린다. 대학은 졸업이후에 단순히 먹고 살만한 곳을 찾기 위한 곳이 되어서는 안된다. 어차피 투자해야하는 비용이라면, 자신에 대해 제대로 분석하고 자신에게 맞는 일(직업)을 찾는 기회의 시간이 되어야한다. 이와같은 기회의 시간은 대학기간이 아니고서는 주어지기 힘들며, 더군다나 1학년은 부담없이 이 기회의 시간을 활용할 수 있는 최상의 시기이다.

지금 고민하라.

자신이 처한 상황과 현실을 객관적으로 보는 능력을 키우면, 그만큼 살아갈 힘도 생긴다.

📝 투자비용 회수

ROI 계산 (투자수익률) RETURN OF INVESTMENT. = 순이익 / 총투자액 × 100

> ✍️ 자신에게 투자한 비용을 얼마나 회수할 수 있는가?

2. 취업해서 60년 먹고 살려고 한다.

📋 스펙의 함정

2년전 2박 3일 일정의 취업캠프 두번째 날 저녁, 지방 국립대 3학년인 태민이는 강의 시간에 눈길이 갈 수밖에 없었다. 강의 시간 중 던진 질문에 시니컬하게 답하거나 무력해보이는 표정과 태도는 세상에 대한 반감이 표출되는 것 같았다. "많이 힘들어보이는구나."라는 말에 깜짝 놀라며, 쉬는 시간에 찾아왔고 상담을 요청해왔다. 시간이 길어질 것같아 저녁 9시 이후 진행되는 입사서류 컨설팅에서 보기로 했다. 다른 학생들과 마찬가지로, 해놓은 것은 없고 취업은 잘하고 싶은데 답답해서 그런건 아닐까 생각했지만, 태민이가 처음에 내민것은 A4용지 4장에 빽빽히 적힌 자신의 스펙 리스트였다. 자격증, 인턴경험, 봉사활동 등이 가득한 종이와 나를 번갈아보며, 태민이는 두려운 눈빛으로 "더 해야할까요라고 물었다. 전형적인 스펙 중독이다.

누구보다 최선을 다해서 살고 있어보이는 태민이의 꿈은 은행에 들어가는 것이라고 한다. 왜 은행에 가고 싶은지 물었는데, 자신의 인생사를 1시간에 걸쳐 풀어놓는다.

가고싶은 곳은 신한은행. 안되면 다른 은행권이라도.기대했던 것만큼 수능 성적이 나오지 않아, 친구들은 수도권 국립대학에 갔지만, 자신은 지방대, 좌절하여 1년간 방황, 우연히 1학년 겨울방학에 프로그램 개발회사 인턴이 되었고, 흥미를 느끼기는 했으나 진짜 하고싶은 일은 아니란 생각이 들었다. 친구들보다 학교를 안좋은 곳을 갔으니 취업은 제대로 하고싶다고 한다. 하지만, 태민이의 최종목표는 30년간 은행에서 열심히 일하고 돈을 모아 외국으로 이민갈 예정이라고 한다. 그때의 자신의 인생을 위해 30년은 죽은척 묵묵히 일해 돈만 모으겠다고 한다. 25살에 꿈꾸는 30년 후의 모습에 설레여 하고있는가? 원하는 회사에 들어간 후에, 그는 어떻게 삶을 꾸려 나갈까 지금 태민이는 가고싶던 은행에 갔을까?

　1학년부터든 4학년부터든 취업을 준비하며, 다른 친구들보다 스펙을 하나라도 더 쌓으려하고 일단 취업을 하고나면 취업이라는 산 정상에 올랐기때문에, 편안하게 내려올 궁리를 한다. 사실 궁리를 하기도 전에 자신도 모르는 사이에 내려오는 리프트권을 손에 쥐게 된다. 물론 입사 후에도 승진을 위한 자기계발이 타의적으로 이루어지고있기는 하다. 학교다닐 때 쌓은 스펙은 취업을 위한 도구일 뿐, 언제든 사용될 수 있는 스킬이 될 수 없는 경우가 많은데, 취업하고 나면 이마저도 뜸하다.

　산 정상까지 힘들게 올라갔으니, 좀 쉬고 싶은 마음이 큰데 힘든 마음을 추스리기에는 시간이 오래걸리는 경우도 한 몫한다. 또는 직장에 다니면서도 그럭저럭 월급이나 받으면 되지 하거나, 새로운 일을 꿈꾸느라고 자신을 위한 진.짜. 스펙(specipication)인 자신이 특별한 전문가가 될 기회를 찾지 않는 경우다. 9988234. 99세까지 팔팔하게 살다가 2~3일 앓다 죽는다는 말이 우스갯소리처럼 사용되는, 지금은 100세 시대이다.

　지금 20대인 당신에게 100세는 내 일이 아닌 것처럼 느껴질 수 있지만, 그때의 평균수명은 120세로 예측된다. "대체 그때까지 뭐 하러 살아"라고 말하는 당신에게 "건강한 신체, 충분한 여유돈과 사랑하는 사람들이 있다면 "이라는 가정은 가치있는 일을 통해 다른 사람들에게 도움이 되고싶은 욕구를 일으킨다. 다른 사람에게 유능해 보이기 위해 보유한 스킬들은 취업과 동시에 끝난다. 입사한 후에 동료나 상사에게는 오로지 보여지는 실력으로써만 인정받을 수 있다. 진정한 고수는 자신의 능력을 뽐내기 위해 떠벌리지 않고, 자신의 능력을 갈고 닦아 언제든 보여줄 수 있는 준비를 한다.

　평생 직장이라는 말은 우리나라 사전에서 없어진지 오래이다. 대신 자신의 능력을 최대로 발휘할 수 있는 평생 직업을 찾으면, 먹고 살기위해 남들에게 보여주기 위한 삶이 아니라, 진정한 고수가 되는 자신의 길을 만들고자 할 것이다. 그 길을 찾아가는데 필요한 것들을 얻어가는데 받는 약간의 스트레스는 오히려 성장의 근원이 되기도 한다. 평생 학습해야 하는 시대는 어떤 이에게는 강압적인 압박으로, 또 어떤 이에게는 당연한 과정일 수 있는 것이다. 당신은 어떤 이가 되고 싶은가?

나의 가상 프로필 작성하기 - 왜 하고 싶은지

(경험의 이름을 내 마음대로 지어보고, 언제해보고 싶은지, 왜 하고 싶은지도 적어보자.
생각날 때마다 채워보자.)

◉ 경험의 이름:

년   월

◉ 봉사활동:

◉ 자격증:

3. 대학의 위치가 중요한 것이 아니라 내 가치가 중요하다.

대학의 이름이 중요한 것이 아니라 내 이름이 중요하다.

우리의 부모님 세대만해도 대학졸업자를 찾기가 힘들었다. 고등학교를 졸업해서도 좋은 직장을 얻을 수 있었고, 그렇지 못했을 경우에도 성실히 열심히 일하면 그것에 대한 보상이 차곡차곡 쌓였다. 하지만, 이제 달라졌다. 지금은 사회에서 인정하는 명문대를 나왔다고 해도 성공적인 취업이나 인생이 보장되지는 않는다. 9급 공무원은 고졸자가 가기 쉬운 곳이라 여겨졌던 20년전과는 달리, 지금은 어떠한가 2-3년을 준비해도 합격보장이 안되고, 공무원되기는 고시합격하기가 되었다. 대학 입학을 위해 수능공부를 하던 것 이상으로, 취업을 준비하고 있다. 그마저도 어렵게 합격한 후에 맞지 않는다며 후회하는 경우도 많다. 취업할 때 우리는 어디 대학에 졸업했느냐가 중요한 것처럼 보여지지만, 실상은 개인이 어떤 능력을 가지고 있느냐가 더 중요하다. 그래서, 졸업장과 더불어 중요하다고 여겨지는 것들이 스펙이다. 취업 경쟁자보다 더 나은 자격증 하나라도 더 쌓기위해 노력하지만, 그것들이 당신을 대변해주지는 않는다. 입사후에 중요한 것은 어느 대학을 나왔느냐가 아닌, 어떤 능력으로 자신을 검증할 것이냐기 때문이다.

우리가 겉으로 보여지는 외적인 이미지에 관심갖는 것처럼, 대학도 자신의 겉보기 등급을 높이는데 신경쓰고 있다. 외관적으로 화려하고, 높아지는 건물, 숫자로 드러나는 취업률, 학생들과 학부모에게 보여줄 수 있는 것들이 필요하다. 알려져야하기 때문에, 경쟁적으로 드라마 장소제공, 협찬을하고, 홍보를 한다. 하지만, 이 모든 것들은 고스란히 우리의 몫, 등록금으로 되돌아온다. 편리해지는 환경을 누리되, 대학의 위치와 환경이 아닌 내 가치를 높여야 한다. 졸업장 하나만으로 원하는 곳에 취업할 수 없듯이, 대학 이름은 우리의 인생을 더 나아지게 하지는 않는다. 수능성적이 생각보다 낮게 나와서 원하는 대학에 못갔거나, 갑자기 지금보다 더 이름있는 대학에 가고싶어져서, 재수나 편입을 생각했다면, 그 이전에, 자신의 가치를 올릴 수 있는 방법을 제대로 찾아야한다. 전공선택이 제대로 되지 않은 상태에서 재수나 편입을 했다면, 1학년때 고민하고 경험해야할 것을 다시 반복적으로 할 수 밖에 없기때문이다. 원하는 진로와 목표, 꿈이 확실하다면, 꼭 좋은 대학을 나와야만 되는 것은 아니다. 대학을 나오지 않아도 성공한 사례는 수도 없이 많고, 같은 목표지점을 가더라도 길도 여러가지이므로 선택할 수 있다. 어떻게 나를 성장시키고 발전시켜, 나만의 브랜드를 확립시킬 수 있을까가 우리가 할 수 있는 최대의 고민 키워드가 되어야한다.

- 학생 수 보다 많아지는 대학교의 숫자

- 대학도 사업이고, 비즈니스이다.

- 학생모집위해, 좋아지는 건물과 편리해지는 환경

- 모두 우리의 등록금

- 대학은 절대 우리의 인생을 나아지게 하지 않는다.

- 여기서 안되면, 편입이라도, 수능이라도 다시, 그러면 방법이 나오는가?

- 어느 순간 생긴 비교우위

- 비교를 만드는 세상

세상은 우리가 원하는 것보다 너무도 빠르게 변해가고 있다. 스마트폰의 속도만 LTE급인 것이 아니라, 우리가 살고있는 세상의 모든 것이 LTE의 속도를 원하고, 빠르게 변하고 있다는 것을 인정해야만 한다. 흐름에 휩쓸려가지말고, 나만의 흐름을 만들어야 한다.

4. 보려고 하는 것만 보이고, 아는 만큼만 보인다.

사람은 자신이 아는 것만 보고, 듣고, 믿으려는 습성이 있다.

- 직업은 수백, 수천가지(사라지는 직업들, 생겨나는 직업들)

- 정보의 홍수, 옳은 정보, 유용한 정보가 힘이다.

- 상식이 중요한 이유

- 모르면 인정하고, 찾아봐라.

- 경험을 통한 생각과 가능성의 확장

- 항상 한다한다하고 안하는 사람들

안다는 것의 깊이와 폭, 경험

고등학교 3학년인 L군은 학교에서 내준 '자신의 직업을 찾아라.'라는 숙제로인해 처음으로 미래에 어떤 직업을 가질지 고민하게 된다. 갑자기 중학교때 열흘간 유럽으로 가족끼리 여행갔던 것이 떠오른다. '아, 그때 참 재미있었어. 또 가고싶다.' 감상에 잠깐 빠져있다가, '외국을 다니는 직업이 뭐가 있을까라는 생각을 한다. 선생님께 여쭤보자니, …그래서 지식인에 물어본다.

• 학과선택이 직업선택에 미치는 영향

→ 다른 선택의 폭, 학과에 상관없는 공무원?

• 사라지는 직업들, 생겨나는 직업들

• 외국의 직업 도입

• 보려고 하는 만큼 보인다. (선입관)

• 아는만큼 보인다

• 관심의 폭을 넓히고, 사고를 열어라. 다양한 경험을 책과 자료로 보충해라.

5. 대학 1학년, 다시 시작이다.

대학 1학년은 모든 것이 가능한 새로운 인생의 시작점이다. 1학년을 어떻게 보내느냐에 따라 2학년,3학년,4학년이 결정되고, 졸업이후의 삶까지도 결정된다. 이 시기에 제대로 1년을 보내지 않으면, 학년이 올라갈 수록 방황의 시간은 길어지고, 몇 배의 노력이 더 든다. 나와 여러모로 비슷했던 친구같은데, 어느 순간 인생의 길이 내가 따라잡기 힘들정도로 달라져있다면, 그 차이는 1학년을 보낸 그 1년이 다르기 때문이다.

중 · 고등학교 때 그렇게도 벗어나고 싶었던 학교라는 틀도 더 이상 존재하지 않는다. 무엇을 경험하고 싶은가. 무엇을 꿈꾸고 싶은가. 내가 어떤 경험을 하고있는지 알 때, 제대로 꿈을 꿀 수 있고, 새로운 인생계획을 세울 수 있다.

대학생이라는 역할을 가진 이 시기는 일생에 한 번으로 최고의 성장을 경험할 수 있는 소중한 시간이다. 다시 다닐때는 시간과 비용등의 투자가 감당하기 어렵다. 입학학 순간부터 자신의 이름으로 불리기보다는 대학생이라는 이름으로 불려지지만, 생각하고, 행동하는 모든 것들은 스스로 책임져야하고, 그 책임에 대한 결과는 바로 나오지 않기때문에 대충대충 살게 되기도한다. 하지만, 더 중요한 것은 아무도 대학을 어떻게 다녀야 하는지 제대로 알려주지 않고, 지금 내가 보내는 1년이라는 시간이 졸업후 사회에서 어떤 영향을 미칠지 짐작하지 못한다.

대학에서 우리는 예비 사회인으로서 혼자 자립하여 살아갈 힘을 배워야 한다. 그 힘(power)은 자격증처럼 한 번에 얻기도 어렵고, 눈에 보이지도 않지만 분명히 존재하며, 성장의 기본 바탕이 된다.

지금부터 내 인생 최고의 해를 만들자.

▼ 머리가 아닌 가슴으로 느껴라. 대학에 들어가면 해야지하고 생각했던 것들이 많았었던 것 같은데도 막상 들어가서는 하지않는다. 사실 하지않는다는 것보다는 하려던 것들이 생각조차 나지 않는다고 하는것이 맞다. 반복되고, 익숙한 경험이 아니라 새로운 경험을 찾아서 해보면, 생각하지 못했던 자신의 강점을 발견하기도 하고, 인생진로의 폭이 넓어진다. 무엇인가를 해보려고 할 때는 이성적으로 판단하는 것보다는, 그 경험이 내 인생에 어떤 영향을 미칠 것 같은지를 충분히 느껴라.

▼ 자신의 기질/성격을 파악해라. 사람은 누구나 자신에 대해 궁금해하고, 다른 사람과 내가 왜 다른지에 대해 의문점이 있다. 태어날 때 타고난 기질과 그 것을 바탕으로 살면서 형성되는 성격에 대해 알면, 자신을 이해하게되고, 대인관계가 원할해지며, 목표와 꿈을 성취하는데 빨라진다. 단순 검사와 풀이로 '아 내가 이렇구나.'라고 인식하는 것뿐만 아니라, 상황과 환경에따라 어떻게 대처하고 반응하는지도 파악해야한다.

▼ 새로운 사람을 만나라. 우리는 익숙한 곳에서 항상 보는 사람을 만난다. 과 동기, 선배 혹은 고등학교 때 친했던 친구들. 그러다보니, 대화의 주제가 비슷하게 되고 발전하고 성장하지 않고, 제자리인 경우가 많다. 나보다 나은 사람을 만나고, 그 사람에게서 배울점을 찾아야한다. 고정관념으로 자리잡혔던 것들을 씻어내야(Brain wash), 새로운 것들이 채워질 수 있다.

▼ 감정낭비의 시간을 버려라. 대학은 고등학교와 다른 세계이므로, 돈독하지 않은 인간관계에 쉽사리 상처받기도 한다. 특히나 연애가 시작되었을 때의 감정은 좋게 혹은 나쁘게 영향을 미쳐, 한 학기 또는 1년 혹은 그 이상을 뿌리채 흔들어 놓기도 한다. 이 때 감정의 늪에서 최대한 빨리 나오는 지혜가 필요하다.

▼ 인생의 방향을 정하고, 인생 지도를 그려라. 전공을 정하면서 진로가 확정됐다고 생각하면 큰 일이다. 전공을 선택하기전에 나에게 맞는 전공인지를 확인해보지 않았기 때문에, 자신을 분석한 것을 토대로 나에게 맞는 전공인지, 맞지않는다면 어떤 전공이 맞는지를 알아보는 것이 우선이다.이럴때는 복수전공이나부전공도한가지방법이다. 인생의 방향은 1학년 때 결정되어야하고, 그것을 토대로 지식과 경험을 적절하게 배합하여, 인생 지도를 그려야한다. 1학년 때 이 다섯가지를 한다면, 여러분의 삶은 당신이 원했던 삶보다 더 보람되고, 가치있을 뿐만 아니라, 졸업 후 또는 그 이전에 이미 자신의 적성에 맞는 일을 찾아서경험 할 수 있을 것이다. 구체적인 탐구 방법과 실행방법들은

다음장에 제시되어있으니, 그 흐름에 따라 하면된다. 대학 1학년에 당신 인생 최고의
해를 만들어라. 그 시작점을 기준으로 살아갈 이유와 힘을 얻고, 매 해 끊임없이 성장할
것이다.

- 새로운 인생의 시작
- 모든 것이 가능한 시기
- 꿈꿔라. 한번도 경험하지 않은 것들을

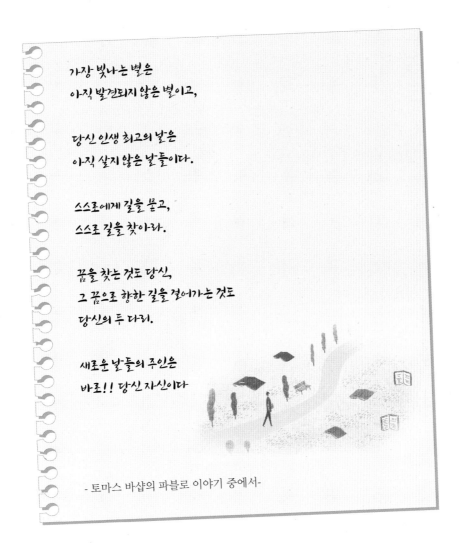

가장 빛나는 별은
아직 발견되지 않은 별이고,

당신 인생 최고의 날은
아직 살지 않은 날들이다.

스스로에게 길을 묻고,
스스로 길을 찾아라.

꿈을 찾는 것도 당신
그 꿈으로 향한 길을 걸어가는 것도
당신의 두 다리.

새로운 날들의 주인은
바로!! 당신 자신이다

- 토마스 바샵의 파블로 이야기 중에서-

'Freshman'
신입생,
너는 누구니?

Contents

Chapter 02

Freshman 신입생, 너는 누구니?

1. 나 자신에 대해 어디까지 아는가?

자신에대해 궁금하지 않은 사람은 없다. 단지, 그 궁금함을 질문으로 표출하느냐 안 하느냐의 차이다. 질문하지않으면 답은 애매모호해진다. 때로는, 어떤 사람들은 자신에 대한 궁금증을 다른 사람에 대한 궁금증으로 아는 사람도 있다. 다른 사람에 대해 궁금해하면서, 자신과 어떻게 다른지 비교해보는 것이다. 하지만, 이들은 초점이 타인에게 맞춰져있고, 타인이 어떻게 반응하느냐에 따라 자신의 생각, 행동, 감정이 바뀌기도 한다.

자신에 대해 알기위해서는 스스로에게 질문을 해야한다. 우리는 기계적인 학습법에 길들여져있어서, 질문에 답하는 것을 어렵게 생각한다. "점심으로 뭐 먹을래?"라는 간단한 질문에도 '글쎄'라는 답이 나온다면, '찌개먹을래 김밥먹을래와 같은 선택적 질문으로 연습하는 것도 좋은 방법이다.

📖 나만의 백과사전

나만의 매뉴얼을 만드는 일은 퍼스널 브랜드 만들기의 첫 단계이다. 이것을 근거로 나를 제대로 분석하고 깨달았을 때, 비전을 높게 세울 수 있다. 그리고 단계적인 목표를 세워서 한 칸 한 칸 성공의 계단을 밟아 올라 갈 수 있는 것이다.

∨ 답변 작성시 주의할 사항

1. 지금 당장은 불가능한 일이더라도 내가 원하는 대로 자유롭게 쓴다.
2. 72, 73, 74번의 질문은 될 수 있는 한 많이 샅샅이 적는다. 거기서 중요하고 소중한 것 10가지를 골라낸 다음 가장 소중하고 간절한 순서대로 차례를 정하도록 한다. 그것이 내가 살아가는데 지표가 되어줄 것이다.

📝 자신에 대해 알아보기 74문 74답

01. 어떤 일을 할 때 시간 가는 줄 모르고 몰두하는가?

02. 어떤 일이 즐겁고 재미있으며 스트레스를 풀어주는가?

03. 혼자 있을 땐 무엇을 하고 싶은가?

04. 다른 사람과 함께 하고 싶은 일은 무엇인가?

05. 좋아하는 책 3권은 무엇인가?

06. 독서를 할 때 가장 선호하는 장소는?

07. 작가들 중 마음에 드는 사람은 누구인가?

08. 좋아하는 향기나 냄새는?

09. 싫어하는 향기나 냄새는?

10. 좋아하는 예술 분야는? (연극, 영화, 무용, 전시회, 뮤지컬등)

11. 10번을 얼마나 자주 하거나 보는가?

12. 즐겨입는 옷 스타일은?

13. 입으면 기분이 좋아지는 옷은?

14. 좋아하는 색깔은?

15. 내게 어울리는 색은?

16. 긴장이 풀리고 편안함을 느끼는 색은?

17. 좋아하는 장르의 영화는?

18. 좋아하는 배우는?

19. 싫어하는 장르의 영화는?

20. 싫어하는 배우는?

21. 좋아하는 음식, 잘 먹는 음식은?

22. 싫어하는 음식, 잘 먹지 않는 음식은?

23. 내가 잘 만들 수 있는 음식은?

24. 좋아하는 음악장르는?

25. 싫어하는 음악장르는?

26. 자주 듣는 음악 3곡만 적어보자

27. 듣기 싫은 음악 3곡만 적어보자.

28. 좋아하는 가수나 그룹은?

29. 싫어하는 가수나 그룹은?

30. 즐겨하는 오락이나 놀이가 있다면?

31. 싫어하는 오락이나 놀이가 있다면?

32. 어떤 일을 하면 긴장이 풀리는가?

33. 항상 긴장이 되는 일은?

34. 마음을 편안하게 해주는 단어 3개만 적어보자.

35. 기운을 차리게 만드는 단어 3개만 적어보자.

36. 지금 당장 여행을 떠난다면 가고 싶은 장소는?

37. 여행을 갈 때 피하고 싶은 장소는?

38. 좋아하는 휴가 스타일은? (여행, 휴식, 등산등)

39. 싫어하는 휴가 스타일은?

40. 휴가 때 가장 하고 싶은 일은?

41. 휴가 때 가장 하기 싫은 일은?

42. 즐겨보는 스포츠는?

43. 보는 것도 싫은 스포츠는?

44. 즐겨하는 스포츠는?

45. 하기 싫은 스포츠는?

46. 좋아하는 텔레비전 프로그램의 종류는?
(뉴스, 토론, 다큐, 스포츠, 드라마, 영화, 오락, 코미디 등)

47. 싫어하는 텔레비전 프로그램의 종류는?

48. 관심있는 화제나 시사문제는 (환경, 질병, 전쟁, 정치, 교육 등)

49. 더 많이 갖고 싶은 것은 무엇인가? (돈제외)

50. 덜 갖고 싶은 것은 무엇인가?

51. 인생에서 완전히 지워버리고 싶은 것이 있다면 무엇인가?

52. 함께 있고 싶은 사람은 누구이며, 그 이유는?

53. 함께 있고 싶지 않은 사람은 누구이며, 그 이유는?

54. 친구에게 어떤 대접을 받으면 기분이 좋아지는가?

55. 친구에게 어떤 대접을 받으면 기분이 나빠지고 화가 나는가?

56. 부모님에게 어떤 말을 들으면 기분이 좋아지는가?

57. 부모님의 어떤 말이 나를 가장 불쾌하게 만드는가?

58. 좋아하는 사람에게 어떤 방법으로 표현하는가?

59. 좋아하는 사람과 자연스럽게 어울릴 수 있는 방법은 어떤 것인가?

60. 매일 하는데도 즐거운 일은 무엇인가?

61. 할 때마다 싫은 일은 무엇인가?

62. 부정적인 점에 대해서는 내가 무엇을 할 수 있는가?

63. 어떤 타입의 동료와 일하고 싶은가? (조용하다, 사려 깊다, 편안하다, 입이 무겁다, 책임감이 있다, 독창적이다, 협조적이다 등)

64. 피하고 싶은 동료의 타입은? (비판적이다, 비협조적이다, 입이 가볍다, 계산적이다, 무책임하다, 매사에 부정적이다.)

65. 가장 관심있는 분야 10가지를 적어보자.(디자인, 경제학, 컴퓨터, 환경, 외국어, 영화, 법학, 사회학, 마케팅, 엔지니어링 등)

66. 관심이 있어 더 많이 알고 싶은 물건은?
(책, 운동기구, 교육자료,낚시도구, 요리기구, 게임, 건강식품, 화장품, 비즈니스 상품, 자동차 등)

67. 별로 흥미가 없어 관심이 가지 않는 물건은?

68. 나의 장기는 무엇인가 (능력, 재능, 기술, 자격증 등)

69. 어떤 환경에서 살며 일하고 싶은가? (어떤 집, 어떤 사무실, 어떤 빌딩, 어떤 가구, 어떤 장소 등)

70. 하루 중 나를 위해서 하는 일은 무엇인가?

71. 하루 중 남을 위해서 하는 일은 무엇인가?

72. 어떤 사람이 되고 싶은가?
(성공한 사람, 유명한 사람, 평범하지만 행복한 사람, 사업가 등)

73. 무엇을 하고 싶은가? (운동, 게임, 여행, 일 덜하기, 자연 가까운 곳에 살기,
걱정 조금만 하기, 악기 배우기 등)

74. 갖고 싶은 것은 무엇인가 (많은 돈, 인생의 배우자, 내 사업, 좋은 차, 새 집 등)

[참조] 아이 엠 브랜드, 전미옥

짝꿍 interview

관　　계　누구랑 있을 때 좋아?
　　　　　누구랑 있을 때 편안해?
　　　　　누구랑 있을 때 싫어?
　　　　　누구랑 있을 때 불편해?

놀　　이　무얼할 때가 가장 재밌어? (모바일, pc게임 제외)

만　　족　어떤 때 만족감을 느껴?

호 기 심　요즘 호기심 / 관심있는 것 3가지는?

자 존 감　언제 스스로 멋지다고 생각해?

좌　　절　뭐가 제일 어려워?

친　　구　친구 중에 누가 좋아?

컴플렉스　신체적인 컴플렉스는 뭐야?
　　　　　가장 신경쓰이는 부분이 어디야?
　　　　　남들보다 못하다고 생각하는게 뭐야?

행　　복　언제 가장 행복해?
　　　　　언제 가장 기분이 좋아?

대학생활　학교에서 주로 어떤 일들이 생겨?
　　　　　학교에서 즐거운일은 뭐야?

불　　안　언제 가장 불안해?

자기계발　요즘 배우고 싶은건 뭐야?
　　　　　요즘 잘하고 싶은건?

재　　능　자신있는건 뭐야?

용　　기　힘들땐 어떻게 해?
　　　　　힘들때 누구의 도움을 받고싶어?

미　　래　꿈이 뭐야?
　　　　　너같은 딸/아들이 있다면 지금 이 순간 뭐라고 말해주고 싶어?

2. 지금 나의 삶은 어떤가?

오늘날 우리의 삶은 빈틈없이 꽉 차있고, 바쁘다. 무엇인가 해야 되고, 아무것도 하지 않거나, 하지않으면 도퇴되고 있다고 느낀다. 부족함을 느끼면서도 무엇을 채워넣어야 할지 알지 못한다.

잠시 나의 삶을 한번 살펴보자. 대학에 들어오기 위해 초등학교, 중학교, 고등학교 12년의 시간을 바쁘게 보냈지만, 입학하고 나니 취업을 걱정해야하는 것이 현실이다. 주변에서는 대학생활에서 스펙을 잘 쌓아야지 취업을 잘 할 수 있다고 말하며, 1학년때부터 취업계획을 세워야 한다고 말한다. 그렇지 않으면, 뉴스에서 나오는 '이태백''캥거루족'같은 일이 곧 나에게 일어날지 모른다.

자신의 현재 상황과 앞으로 나아가야할 바에 대한 정확한 인식을 통해 이 복잡한 상황 속에서 자신의 삶의 각 영역의 현 상태를 알고, 각 영역간의 균형을 찾아야한다.

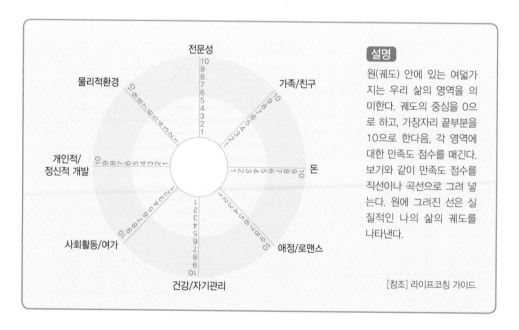

설명

원(궤도) 안에 있는 여덟가지는 우리 삶의 영역을 의미한다. 궤도의 중심을 0으로 하고, 가장자리 끝부분을 10으로 한다음, 각 영역에 대한 만족도 점수를 매긴다. 보기와 같이 만족도 점수를 직선이나 곡선으로 그려 넣는다. 원에 그려진 선은 실질적인 나의 삶의 궤도를 나타낸다.

[참조] 라이프코칭 가이드

원안의 궤도를 돌아가면서 각 영역에 만족도에 따라 선을 그었을 때, 어떤 모양으로 결과가 나타났는지 보자. 거의 대부분 울퉁불퉁한 모양으로 나타날 것이다. 이 8가지 영역은 모두 개인의 정도의 차이가 있을뿐 우리 삶에 중요한 영역이다. 우리가 관심두지 않고 생각하지 않는 영역조차도 우리의 만족도가 낮거나, 높다는 것은 우리의 삶에 영향을 미친다는 것이다.

만약, 라이프 휠이 나의 인생을 나아가게하는 자동차 바퀴라고 한다면, 내 삶은 어떻게 굴러갈 것인가? 많은 친구들이 '굴러가지도 않을 것 같아요.'라고 말했다. 물론, 앞으로 나갈 수는 있지만, 엄청난 에너지를 쏟아야만 할 것이다. 그리고 곧 지쳐서, 자신이 잘 할 수 있는 영역에만 집중하게 될 것이고, 그로인해 영역별 격차는 더욱 커지게 될 것이다.

신이 이렇게 이야기했다고 한다. "젊었을 때는 돈을 벌기위해, 건강을 잃고, 나이들어서는 건강을 되찾기위해서 돈을 낭비한다."

📝 현재의 나(Present state) ➜ 원하는 나 (Dream state)

삶의 균형을 살펴본다는 것은 자신의 삶을 영역별로 들여다 볼 수 있도록 돕고, 무엇이 중요한지 분명히 깨닫게 하며, 그를 바탕으로 자신이 원하는 상태를 정해서 나아갈수 있도록 돕는다. 내가 원하는 삶의 영역의 상태는 어떠한가? (무조건 최고점인 10점이 좋은 것은 아니다. 내가 만족할 수 있는 점수를 체크하자.)

▼ 현재 나의 상태를 색깔로 표현해 본다면? 몇 km의 속도로 가고 있는가?

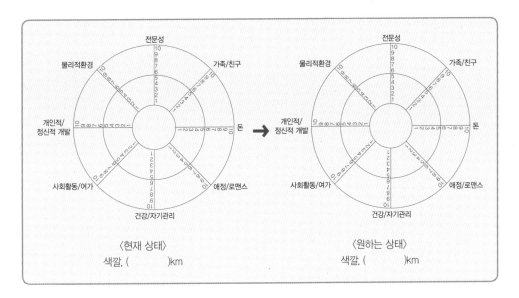

삶의 영역의 원하는 상태를 아는 것이 균형잡힌 삶의 시작이다. 우리는 균형잡힌 인생을 살아가거나, 균형에서 벗어난 삶을 살게된다. 삶은 고정적인 것이 아니라, 항상 움직이는 다이내믹한 것이다. 삶의 영역에서의 균형은 지금의 삶에도 영향을 끼치지만, 균형이 깨졌을 때는 옆에있는 다른 영역들에게 까지 영향을 준다. 그리고, 만약 다른 영역

의 것을 희생해 가면서까지 한 분야에만 집중하게 된다면, 삶의 바퀴는 균형을 잃고 덜 컥거리며, 원하는 속도를 낼 수 없을 것이다. 삶의 궤도를 확인하고, 삶의 균형을 맞춰야 한다.

3. 나의 인생은 너의 인생과 다르다.

나의 경험 떠올리기

▼ 자신의 삶에서 있었던 경험들 최대한 많이 적으세요.

- 기뻤던 일, 행복했던 일, 슬펐던 일, 힘들었던 일 등등
- 기억이 잘 나지 않을 땐 일기, 다이어리 또는 사진 참조.

나이	경험	감정(점수)

인생그래프를 그려봄으로써 지나온 시간들을 되돌아보고, 부정적인 사건속에서 얻을 수 있었던 긍정적인 자원을 찾아보는 계기가 될 수 있다.

1) 지금까지 살아오면서 기억나는 사건들을 20-30가지정도 시간의 흐름에따라 나이와 함께 내용을 간략히 써본다.
2) 각각의 사건에 대해 긍정적인 감정은 +1 ~ +10까지 점수를 주고, 부정적인 감정은 -1 - -10까지 점수를 준다.
3) 그래프의 x축은 나이, y축은 점수로 표시하고, 각각의 사건을 점으로 표시하고, 간략히 내용을 적어준다.
4) 찍어놓은 점을 연결하여 이어본다.

✎ 인생그래프

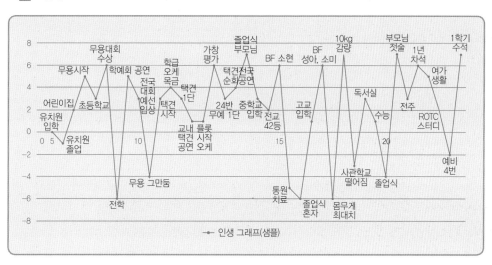

→ 인생 그래프(샘플)

8

6

4

2

0

0 5   10   15   20

−2

−4

−6

−8

● 인생 그래프

☑ 교훈과 의미 찾기

- 오늘보다 내일의 내가 더 기대된다.
- 어제와 오늘의 내가 미래의 나를 성장시킨다.

✍ 나에게 주는 상장

4. 내 머릿속에 들은 것이 나를 결정한다.

천재적인 과학자인 아인슈타인은 '어제와 똑같이 살면서 다른 미래를 기대하는 것은 정신병 초기증세이다.'라고 말했다. 당신은 어떤가 어제와 오늘이, 한달 전 과 오늘이 다르지 않는데도 내일은 나아질꺼야라는 막연한 희망을 가지고 있거나, 왜 항상 똑같은 지 푸념만 하고 있지는 않은가 현재의 내가 어떻게 살고 있는지를 직시하고, 오늘과는 다른 내일을 만들기위해 현재의 내 모습을 하나씩 발전시켜보자.

내 머릿속에 들은 것이 현재의 나를 만들고, 미래의 나를 결정한다. 나의 머릿속에는 어떤 생각이 주로 들어있는가?

✎ _____의 뇌구조

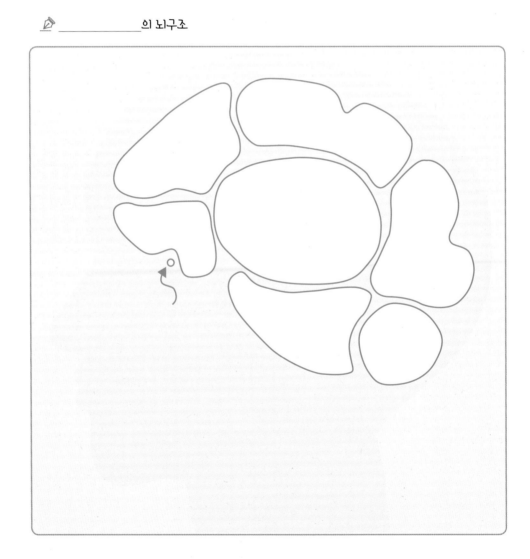

지금의 내가 미래의 나를 발목잡는다.

"미래는 이미 시작되었다. – R.융"

✎ 오늘과 다른 미래를 원한다면, 오늘부터 바꿔야한다.

1.
2.
3.

✎ 내 머릿속의 큰 부분을 차지하는 이 생각들은 대부분 부정적이다.

   걱정거리를 해결하기 위해 나는 어떤 행동을 해야할까?

1.
2.
3.

지난 일주일

친구들끼리의 대화를 들어보면, 의미 없는 일상적인 대화들이 대부분이다. 어제 만나고, 오늘 또 만나니, 어제 했던 얘기가 오늘과 별반 다르지가 않다. "저 백 사려면 어떻게 해야할까", "저 옷 입으면 예뻐질 것 같아.", "나도 쟤처럼 예쁘고 날씬했으면 좋겠다." "요즘 취업 어렵다던데, 난 할 수 있을까" 자신의 외적인 것에 치중해있고, 한탄이나 부정적인 생각이 대부분이다. 이렇듯 매일 만나는 친한 친구들과의 대화는 즐거운 것 같지만, 대부분 습관적이고, 비생산적이다.

내가 쓰는 말이 나를 결정한다.

신조어, 외계어들이 생겨나면서, 말을 길게하는 것이 오히려 답답하게 보여지는 세상이 왔다. 그러다보니, 대화는 짧아지고 단순해졌다. 그만큼, 생각도 단순해지고 짧아졌다.

> 📝 **내가 자주 쓰는 말.(가족, 친구들에게 물어보기.)**
> -
> -
> -

📋 내가 가는 장소가 내가 갈 곳을 결정한다.

항상 가는 장소만 가지 않는가 집에 가는 길을 생각해본다면, 집으로 가는 여러가지 길이 있음에도 불구하고, 우리는 당연하게 같은 길을 택한다. 그 길이 가장 빠르고, 익숙하기 때문이다. 텔레비전에서 보고 찾아가야 겠다고 생각한 맛집을 시간과 돈을 고려해 가지 못하고, 맨날 가는 그 식당에 가는 것과 비슷한 것이다. 같은 장소는 익숙한 나와 같다. 새로운 장소를 탐색하고, 찾아가라. 지도에 길을 그려넣듯이, 새로운 길을 찾아내 나의 길로 만들어라.

> 📝 **이번달 새로운 장소 목록**
> -
> -
> -

📋 내가 만나는 사람이 나를 결정한다.

항상 만나는 사람만 만나지 않는가 편하다는 이유로 일주일에 몇번씩 만나지는 않는가 10년후에 지금 만나고 있는 친구의 90%는 안 만나게 된다. 하는 일 또는 관심사가 다르거나, 거주의 터전이 바뀌어 만나고 싶어도 못 만나서 안부만 묻다가 소원해지는 경우가 다반사이다.

지금 만나는 사람이 아닌 다른 사람을 만나라. 새로운 사람을 만나면, 새로운 사고가 열리고 다양한 기회를 직, 간접적으로 겪게 된다. 나보다 나은 점을 찾아서 긍정적이고,

발전적인 모습을 닮고자 한다면, 어느 순간 자신에게서 그 사람의 모습을 볼 수 있게 될 것이다.

✎ 이번달 새로운 사람 목록

·
·
·

5. 나의 탁월성을 발견한다.

자신에 대해 장점과 단점은 어느정도 알고있지만, 자신에게 숨겨진 가능성은 모르는 경우가 많다. 이미 드러나있는 것이 아니기 때문이다. 내가 가지고 있는 가능성, 즉 잠재력을 찾아서 씨앗에 물 주듯이 꾸준히 키운다면, 어느순간 폭팔적인 힘을 가진 나의 삶의 원동력이 될 것이다. '나는 어떤 사람이다.'라고 이미 규정짓고 있는 경우가 많으므로, 다른 사람들에게 찾아달라고 부탁하는 것이 좋다.

✔ 나의 탁월성 찾기 – 탁월성 단어

탁월성	팀워크	쾌활	협동	프로정신
영향력	파워	모험	조화	의지력
인내	자기계발	판단력	열정	실천력
세련미	균형	결단력	용기	배려
겸손	긍정적 태도	성실	자기표현	자유
독립심	끈기	성장	의리	주도성
헌신	온화함	신념	유머	통찰력
포용력	리더십	전문성	영성	정의
정직	사랑	존경	감성	추진력
진실성	존중	지혜	창의성	충성

10명의 사람들에게 나를 보고 직관적으로 떠오르는 단어 3개만 선택해 달라고 한다.

✔ 나를 보면 직감적으로 떠오르는 단어는?

구분	가	나	다
1			
2			
3			
4			
5			
6			
7			
8			
9			
10			

단어를 받아 적고, 어떤 단어들이 많이 나왔는지 살펴본다. 많이 나온 단어들이 다른 사람들이 나에게서 찾아낸 잠재력인 것이다.

📝 다른 사람들이 보는 나의 탁월성 TOP 3

1.
2.
3.

이번에는 나의 마음에 와닿는 단어 3개를 선택해 아래 칸에 써본다. 50개의 단어 중 선택된 아래의 3단어는 나에게 특별한 의미가 있을 뿐만 아니라, 더 키우고 싶은 나의 힘(power)인 것이다.

📝 나의 탁월성 TOP 3

1.
2.
3.

⑨ 당신은 정말 멋져요 ^O^

당신이 멋진 이유는 ＿＿＿＿＿＿＿＿＿＿＿＿＿＿이 있기 때문이에요.

당신이 정말 멋진 이유는 ＿＿＿＿＿＿＿＿＿＿＿＿이 있기 때문이에요.

당신이 정말 정말 멋진 이유는 ＿＿＿＿＿＿＿＿＿＿이 있기 때문이에요.

'Feature'
나만의 특징을
발견하라.

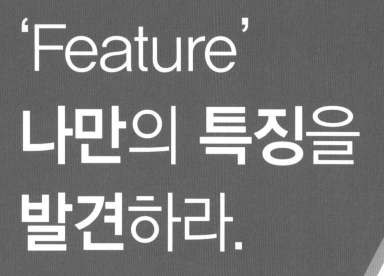

Contents

'Feature' 나만의 특징을 발견하라

Key 1. 절대 포기 못하는 내가 사는 이유를 찾아라.

오늘 아침 눈을 떠서 침대에서 일어날 때 어느정도의 시간이 걸렸는가? 어떤 생각이 들었고, 어떤 느낌이 들었는가? 밤에는 자고 싶지 않아서 인터넷 서핑이나 게임하다가 새벽에 잠들고, 아침에는 일어나고 싶지 않아서 '조금만 더, 조금만 더'를 외치지는 않는가?

모든 사람들에게는 살아가는 이유가 있다. 그 이유라는 것은 제각기 다르고, 대부분이 그 이유를 발견하지는 못한다. 하지만, 그것을 발견하고, 그 이유가 내면에서 명확해지면, 의사결정을 신속하게 할 수있게되고, 선택하지 않은 것에대한 후회도 줄어든다.

내가 어떤 사람인지, 내 인생에서 중요한 것은 과연 무엇인지 생각해보자. 중요하다고 생각하는 이유 안에는 내가 존재하는 이유인 나의 가치가 들어있다. 만일 나의 인생 가치에 대해 생각해 본 적이 없다면, 지금 부터라도 생각해보고 가치를 명확히 해야한다.

내 삶의 원동력은 무엇인가 당신이 아침에 눈 뜨도록 만드는 것은 무엇인가 최근에 가장 설레였던 적은 언제인가 아침에 당신이 눈 떴을 때, 일어나도록 만드는 것이 현재 당신의 삶을 설레이게 만드는 것이라면, 자신이 소중히 여기고 있는 가치에 맞는 삶을 살고 있는 것이다. 가치는 당신이 믿고 따르며, 당신의 개인적인 원칙과 기준을 뜻한다. 당신의 삶에서 무엇이 중요하고 소중한지를 판단하는 기준이되고, 만족감과 성취감을 느끼도록 도와준다.

내 안에 숨어있는 나의 가치를 찾기위해서는 어떻게 해야할까?

∨ 나의 가치 선택하기

결속	공동체	권력	권위	기쁨	깨달음	가족애	감사	겸손	근면	기여	기지
명성	성공	성장	성취	신뢰	아름다움	끈기	너그러움	도움	도전	독립심	동지애
인정	역동성	신앙영성	영향력	이상실현	자아실현	뛰어남	명확성	모험	배려	봉사	사랑
자유	재미	전문성	전통	정의	조화	상상력	성실	솔직함	실행	약속	양육
존경	지혜	진실	질서	청결	초연	열정	용기	용서	위임	유머	유연성
평온	평화	행복	화합	활기	힘	인내	자기개발	자기관리	자기표현	자비	자율성
가정	애국	우정	건강	장수	풍요	정직	정확	중용	참여	창의성	책임감
공존	번영	일체감	공익	인간존중	복지안녕	최선	충직함	한결같음	헌신	협력	확신

∨ 가치 매트릭스

1							
2							
3							
4							
5							
6							
7							
	1	2	3	4	5	6	7

🖊️ **가치 매트리스 TOP 3** (가장 많이 나온 3가지 가치가 본인에게 왜 중요한지 적어보자)

1. ....

2. ....

3. ....

억눌린 가치 찾기

억눌린 가치 찾기는 겉으로는 드러나지 않지만, 소중하게 여기는 가치를 찾는 방법이다. 살면서 가장 분노하고 절망하고 당황했던 때는 언제였는가? 그때의 기억을 떠올려보고, 아래에 적어보자.(ch.2-3. 내 인생 그래프 중에서 참조해도 된다.)

이 때에 본인이 화가 났던 이유를 위의 가치 리스트에서 찾아보자. 무시당했다고 느끼거나, 존중받지 못했을때 나타난다.

1.
2.
3.

가치 매트리스와 인생그래프에서 나온 가치를 합쳐서 다시 가장 소중한 가치 3가지를 고른다.

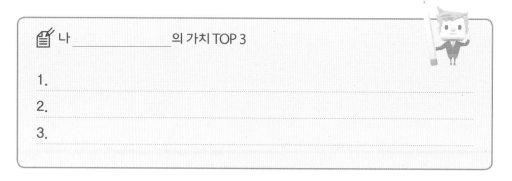

나 _____의 가치 TOP 3

1.
2.
3.

✒️ [Activity] 각각의 3가지 가치를 통해 만족감 또는 성취감이 최상이었던 적을 간략히 적어보자.

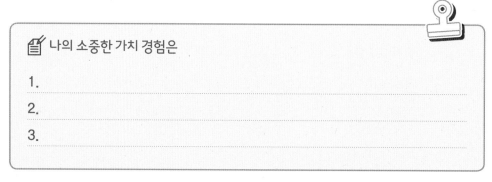

나의 소중한 가치 경험은

1.
2.
3.

나를 나타내는 가치 vs 내가 보여주고 싶은 가치

∨ 교차점

보여주고 싶은 가치는 내면의 가치와 다른 경우가 많다. 그렇기 때문에 타인에게 보여주고 싶은 가치, 이미지에 치중할 수록 자신을 나타내는 가치와는 멀어질 수 밖에 없고, 자신의 가치와 맞지 않기 때문에 만족감이 떨어지거나, 유지되는 기간이 짧아진다.

많은 학생들이 '진짜 원하는 일' ,'나에게 맞는 일'을 하고 싶다고 말을 한다. 경험해보지 않은 상태에서 자신이 진정으로 원하고, 자신에게 꼭 맞는 일을 찾기란 쉽지 않다. 하지만, 자신이 소중하게 생각하는 가치와 맞는 삶을 살고, 그 가치를 줄 수 있는 일을 할 때, 살아가는 이유는 단단해지고, 미래의 자신의 모습도 확실하게 그려볼 수 있게 된다.

∨ 자신의 가치를 가지고, 인생관을 만들어라.(인생의 깃발)

자신의 인생관을 한 문장으로 적어보자. (3가지 가치가 다 포함된 한문장 또는 각각의 가치로 한 문장씩 만들어볼 수 있다.)

> 📝 **나의 가치 선언문**
>
> _____ . _____ . _____
>
> 나는 _____ 이다.

✒️ 나의 가치를 기반으로 이번 주 새롭게 해볼 수 있는 것은?

> 📝 **Bravo your life!!**
>
>
>
>

✎ 나는 나와의 약속을 지켰는가? (YES / NO)

---

⑨ 만족 점수

⑨ 피드백

⑨ 더 나아지기 위한 Act

Key 2. 나의 장점을 중심으로 특징을 찾아라.

최근에 누군가에게 칭찬 받았던 기억을 찾아본다면, 찾기 쉽지 않을 것이다. 칭찬을 받았다는 것은 곧 나의 장점이나 노력의 결과에 대한 보상인데, 칭찬할 만한 것이 없기 때문이 아니라, 많은 사람들이 칭찬에 인색해졌기때문이다. 기억도 나지 않는 시기인 우리가 2~3살 때까지는 부모님을 비롯해 많은 사람들이 우리가 무엇을 하든 칭찬을 해주었다. '와~ 혼자 고개들었네, 앉았네, 일어났네, 우리 아가 혼자 걷는구나 뛰는구나.' 이것들은 아이가 태어나서 자연스럽게 하게되는 당연한 성장임에도 불구하고, 신기하고 대견해보인다. 하지만, 아이의 자아가 생기고, 자기 주관이 생기는 것이 부모에게는 아이가 고집부리는 것처럼 보여, 부모는 그때부터 아이의 장점보다는 단점을 보게된다.

잘하는 것에 대한 얘기보다 잘 하지 못하는 것에 대해 많이 들다보니, 우리는 당연히 자신의 장점을 발견하는 것보다 단점에 익숙해져, 그것을 자신의 성격으로 생각해버리는 경우가 많다.

나는 나의 장점을 적을 수 있는가 많은 학생들이 취업을 위해 자기소개서 쓸 때나 장점을 생각한다. 이런경우에는, 입사하고자는 기업의 특성이나 인재상에 맞춰 찾다보니, 진짜 장점이 아닌경우가 더 많다. 물론, 자신의 장점을 바로 말할 수 있거나, 적을 수 있는 사람은 없다.하지만, 분명한 것은 우리가 아직 발견하지 못했기 때문이지, 우리에게도 장점이 있다는 것이다. 그 장점을 찾고, '나에겐 이런 장점들이 있어.'라고 인정한 순간 우리의 삶은 달라질 수 있다. 땅에 씨앗을 심을 때 어떤 씨앗인지 알아야 씨앗을 심을 시기와 자라날 열매를 예측할 수 있는 것과 같다.

advantage, strength

장점 좋거나 잘하거나 긍정적인 점, 강점 남보다 우세하거나 더 뛰어난 점

장점/강점을 어떻게 찾을까?

✎ [Activity] 자신의 장점/강점을 생각나는 대로 적어본다.

(다른 사람이 어떻게 생각할지는 생각하지 말고, 누군가에게 들어봤던 것도 OK 갯수는 많을수록 좋다. 10가지 이상.)

1.

2.

3.

4.

5.

6.

7.

8.

9.

10.

fault, Weakness

단점: 잘못되고, 모자라는 점 **약점:** 모자라서 남에게 뒤떨어지거나 떳떳하지 못한 점.

✎ [Activity] 자신의 단점/약점을 생각나는 대로 적어본다.

(다른 사람이 이야기 해 준 것 말고, 오로지 내가 생각하는 것만)

> 1.
> 2.
> 3.
> 4.
> 5.

단점이 없는 사람이 없듯이, 장점이 없는 사람도 없다. 우리에게는 모두 장점과 단점이 있다는 것이다. 내가 가지고 있는 장점과 단점을 모두 찾아본다.

일장일단[一長一短]

장점이 있으면 단점도 동시에 존재함. 장점도 지나치면 단점이되고,

때로는 단점도 적절하여 장점이 될 수도 있다.

단점도 나의일부이다. 내가 원하는 풍성한 열매를 맺기위해 잡초를 뽑아주고, 진드기를 제거해주고, 영양이 부족한 부분은 영양제로 보충해주어야 한다. 약한 부분을 알지 못하면,땅에 심고 아무리 물을 줘도 싹이 나지 않거나, 열매를 맺기 어렵게 된다. 장점에 초점 맞추고, 강화하되 단점도 알고, 보완해야한다.

어떤 씨앗을 심느냐에 따라 어떤 열매를 맺을지가 결정되지만, 열매를 맺기까지의 키우는 성장과정이 더욱 중요하다

✎ [Activity] 가족과 친구들에게 자신의 장점/단점 무엇인지 찾아달라고 요청한다.

	이름	찾아준 장점 · 강점	찾아준 단점 · 약점
1			
2			
3			
4			
5			
6			
7			

	이름	찾아준 장점·강점	찾아준 단점·약점
8.			
9.			
10			

✎ [Activity] 중복되는 것/ 내가 동의하는 것

📝 내가 동의하는 장점/강점, 단점/약점 - 역량표시(1-10)

🌀 장점/강점

1.

2.

3.

4.

5.

6.

7.

🌀 단점/약점

1.

2.

3.

　　자신이 원하는 일을 하면서도 즐겁게 하는 사람은 생각보다 많지 않다. 하지만, 자신이 무엇을 잘하는 지 좋아하는지도 모르는 사람은 많다. 그저 다른 사람이 살아가는 겉모습을 보며 막연히 부러워하는 경우가 많은 것이 현실이다. 자신이 원하는 일을 하기 위해서는 자기 자신에 대한 파악이 우선이다. 나의 강점은 무엇이고, 단점은 무엇인지를 정확히 알 때, 내가 무엇을 어떻게 해야할지 방법이 제대로 보이기 시작한다.

📖 SWOT 분석 활용하기

　　'SWOT'는 강점(Strength), 약점(Weakness), 기회(Opportunity), 위협(Threat)의 영문

앞글자를 모아서 만든 용어이다. 스탠포드 대학의 알버트 험프리 박사가 1960-70년대에 '포춘'잡지가 선정한 500대 기업들을 연구하면서 얻은 결과를 바탕으로 개발한 것 이다. 자기분석의 가장 대표적인 방법으로 자신의 내면도 분석하고 관리되어야하는 것으로 많이 이용되고 있다.

- 기회요인과 위협요인 파악하기.
- 강점과 약점 파악하기.

강점		약점	
현재 가지고 있고, 앞으로도 있기를 원하는 것		현재 가지고 있지만, 원하지 않고, 버려야 할 것	
성격		성격	
신체		신체	
습관		습관	
경험		경험	
환경		환경	
기타		기타	
기회		위협	
현재 가지고 있지 않지만, 앞으로 원하는 것		현재 가지고 있지 않지만, 나에게 올 수도 있는 것	

❶ 부모님이 보는 SWOT 분석

강점(Strength)	약점(Weakness)
기회(Opportunity)	위협(Threat)

❷ 친구/선배/후배가 보는 SWOT 분석(3명)

강점(Strength)	약점(Weakness)
기회(Opportunity)	위협(Threat)

📝 나의 SWOT 분석 종합하기.

강점(Strength)	약점(Weakness)
기회(Opportunity)	위협(Threat)

- SWOT을 활용한 전략세우기.
- S/O: 강점을 가지고 기회를 살리는 전략

- S/T: 강점을 가지고 위험을 피하거나 줄이는 전략
- W/O: 약점을 보완하며 기회를 살리는 전략
- W/T: 약점을 보완하는 동시에 위험을 줄이는 전략

✎ [Activity] 내가 가진 자원을 만들어 본다.

내 안의 자원목록 모두 적기	다른 사람들이 보기에 있는 나의 자원
조원들의 이야기	조원들의 이야기를 듣고 자신에 대해 알아차린 것, 깨달은 것, 느낀 것

📝 자기 암시

"나는 날마다 나아지고 있다. - 에밀쿠에"

어느 누구도 나에게 상처줄 수 없다. 심지어는 나 자신도 나에게 상처줄 수 없다. 나는 함부로 대하면 안되는 소중한 가치있는 존재라는 것을 기억해야 한다. 나는 나이다. 나는 내가 좋다.

나에게 힘을 주는 말

key 3. 내 성격이 나의 80%를 결정한다.

자신을 발견하는 데는 시간이 걸린다.
그것은 힘든 일이지만 할 만한 가치가 있는 일이다.
– 앤 윌슨 샤프 –

나의 기질을 알 수 있는 에니어그램(Enneagram)

에니어그램은 사람을 9가지 성격으로 분류하는 성격 유형의 지표이자 사람을 이해하는 틀로, 문자적으로는 그리스어 '9'를 뜻하는 "ennear"와 '점, 선, 도형'을 뜻하는 "grammos"의 합성어다. 「참조. 에니어그램의 지혜, 한문화」

아래 진단은 리소 -허드슨 테스트라고 불리우는 성격진단테스트이다.

간단한 테스트를 통해 비교적 정확하게 자신의 성격유형을 파악할 수 있는 널리 알려진 방법 중의 하나이다.

모든 진단이 그렇듯 '딱 내가 누구이다'라고 말 할 수는 없지만, 에니어그램을 통해 자신의 기질을 알고, 자신을 이해하는 도구로서 사용할 수 있다.

먼저 아래의 지시 사항을 잘 읽어본다.

[지시사항]

1. 다음 두 그룹의 진술에서 **당신의 태도와 행동을 가장 잘 반영한다고 여겨지는 진술을 하나씩 골라라.** 당신이 선택한 진술 안에 있는 모든 말과 문장에 모두 동의해야 하는 것은 아니다. 80%나 90%를 동의하면 된다. 일부 때문에 그 진술을 거부하지 말아라.

2. 지나치게 많이 분석하지 말아라. 100%동의할 수 없어도 당신의 **직관이 옳다고 판단내리는 것을 선택하라.** 부분적인 요소보다는 그 진술의 전체적인 주제와 느낌이 더 중요하다. 직관을 따라라.

3. 한 그룹에서 당신에게 가장 잘 맞는 진술이 무엇인지 결정할 수 없을때는 두 개를 선택할 수도 있다.즉 첫 번째 그룹에서 하나를 찾고 두 번째 그룹에서 두 개를 선택하는 식이다.

4. 당신이 선택한 문자를 가지고 유형을 찾는 것이다. **모든 유형은 우열이 없다.(좋고 나쁨이 없다.)**

[그룹 I]

A. 나는 독립적인 편이고 자기 주장을 잘한다 .나는 상황에 정면으로 맞설 때 삶이 잘 풀린다고 느낀다. 나는 목표를 설정하고 그 일을 추진해 나 간다.그리고 그것이 성취되기를 원한다.나는 가만히 앉아 있는 것을 좋 아하지 않는다. 대개의 경우 나는 내가 원하는 것을 잘 알고 있다. 나는 일도 노는 것도 열심히 한다.

B. 나는 조용하게 혼자 있는 것을 좋아한다. 나는 사회적인 활동에 주의를 쏟지 않으며, 대체로 내 의견을 강하게 주장하지 않는다. 사람들은 나를 몽상가라고 말한다. 내 상상의 세계 안에서는 많은 흥미로운 일들이 벌 어진다.나는 적극적이고 활동적이라기보다는 조용한 성격이다.

C. 나는 아주 책임감이 강하고 헌신적이다. 나는 내 의무를 다하지 못할 때 아주 기분이 나쁘다 나는 사람들이 필요할 때 그들을 위해 내가 그 자리 에 있다는 것을 알아주었으면 좋겠다. 나는 들을 위해 최선을 다할 것이 다. 이따금씩 나는 사람들이 나를 알아주든 알아주지 않든 그들을 위해 큰 희생을 한다. 나는 내 자신을 제대로 돌보지 않는다. 나는 해야 할 일 을 한 다음에 시간이 나면 휴식을 취하거나 원하는 일을 한다.

[그룹 II]

X. 나는 대개 긍정적인 자세로 생활하며,모든 일이 나에게 유리한 쪽으로 풀린다고 느낀다. 나는 나의 열정을 쏟을 수 있는 여러 가지 방법들을 찾는다. 나는 사람들과 함께 하고 사람들이 행복해지도록 돕는 것을 좋 아한다. 나는 나와 마찬가지로 다른 사람들도 잘 지내기를 바란다.(항 상 기분이 좋은 것은 아니다. 그러나 나는 다른 사람들에게 그렇게 보이 기를 원한다.) 나는 다른 사람들에게 항상 긍정적으로 보이고자 노력하 기 때문에 때로는 내 자신의 문제를 다루는 것을 미루기도 한다.

Y. 나는 어떤 것에 대해 강한 감정을 갖는다. 대부분의 사람들은 내가 모든 것에 대해 불만을 갖고 있다고 생각한다. 나는 사람들 앞에서 내 감정 을 억제하지만 남들이 생각하는 것보다 더 민감하다. 나는 사람들과 함

께 있을때 그들이 어떤 사람인지 무엇을 기대할 수 있는지를 알기 원한
다. 어떤 일에 내가 화가 났을 때 나는 사람들이 그것에 대해 반응하고
나만큼 그 일을 해결하려고 노력해 주기를 원한다. 나는 규칙을 알고
있다. 하지만 사람들이 내게 무엇을 하라고 지시하는 것을 좋아하지 않
는다. 나는 내 스스로 결정하기를 원한다.

Z. 나는 스스로 잘 통제하고 논리적이다. 나는 느낌을 다루는 것을 편안해
하지 않는다. 나는 효율적이고 완벽하게 일을 처리하며 혼자 일하는 것
을 좋아한다. 문제나 개인적인 갈등이 있을 때 나는 그 상황에 감정이
끼어 들지 않도록 한다. 어떤 사람들은 내가 너무 차고 초연하다고 말하
지만 나는 감정 때문에 중요한 일을 그르치고 싶지 않다. 나는 사람들이
난를 화나게 할때 대부분의 경우 반응을 보이지 않는다.

🔲 성격 유형 찾기

두 그룹에서 얻은 문자 두개 (A,B,C와 X,Y,Z 에서 하나씩)를 조합하여 유형을 찾는다.

① 1번유형 · · · CZ개혁가	② 2번유형 · · CX돕고자 하는사람
③ 3번유형 · · · AZ성취하는사람	④ 4번유형 · · BY개인주의자
⑤ 5번유형 · · · BZ 탐구	⑥ 6번유형 · · CY충실한사람
⑦ 7번유형 · · · AX열정적인사람	⑧ 8번유형 · · AY도전하는사람
⑨ 9번유형 · · · BX평화주의자	

본인의 유형을 파악해 했다면, 이제 당신의 성격 유형에 해당하는 **성격의 특성과 장단점**들을 읽어본다.

결합문자	성격유형	성격 유형의 이름과 주요 특성
AX	7	열정적인 사람: 쾌활함, 충동적, 성취 지향적
AY	8	도전하는 사람: 자신감, 결단력, 남의 지배하려 함
AZ	3	성취하는 사람: 적응을 잘 함, 야망이 있음, 자심의 이미지를 중시함
BX	9	평화주의자: 수용적, 다른 사람을 편안하게 해줌, 스스로 만족함
BY	4	개인주의자: 직관적, 심미적, 자신 안으로 빠져들게 함
BZ	5	탐구자: 지각 능력이 뛰어남, 혁신적, 남들과 떨어져 있음
CX	2	돕는 사람: 남들을 잘 보살핌, 너그러움, 소유욕이 강함
CY	6	충실한 사람: 붙임성이 있음, 책임감이 강함, 방어적
CZ	1	개혁자: 이성적, 원칙적, 자기 관리에 철저함

∨ [에니어그램 유형별 특징]

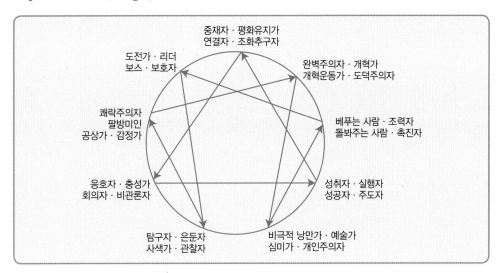

∨ 에니어그램이 알려주는 아홉가지 성격 유형

 1번 개혁자: "나는 모든 것이 올바르게 돼기를 원한다."
높은 인격과 이성을 가질 수도 있고, 완벽주의와 분노를 가질 수도 있다.

 2번 돕는 사람: "내게 오세요. 나는 당신을 도울 수 있어요"
치유의 힘과 너그러움을 가질 수도 있고, 사람에 대한 소유욕과 아첨하는 기질을
가질 수도 있다.

 3번 성취하는 사람: "나는 최고가 되어야만 한다."
비범함과 진실성을 가질 수도 있고, 성공과 지위를 맹목적으로 추구할 수도 있다.

 4번 개인주의자: "나는 나 자신에게도 비밀입니다."
창조성과 직관력을 가질 수도 있고, 우울증과 자의식에 빠질 수도 있다.

 5번 탐구자: "방해하지 마세요 혼자 생각할 시간이 필요합니다."
지성과 창의력을 가질수도 있고, 괴팍한 운둔자가 될 수도 있다.

 6번 충실한 사람: "상황이 어떻게 되든 나는 의무를 다하겠다"
용기와 헌신을 가질 수도 있고, 반항과 불안을 가질 수도 있다.

 7번 열정적인 사람: "나는 인생의 즐거움을 모조리 맛보겠다"
다재다능하며 정열적일 수도 있고, 충동적이고 인내심이 없을 수도 있다.

 8번 도전하는 사람: "나는 내 운명의 주인이다"
강하고 관대한 리더가 될 수도 있고, 사람들을 위협하고 통제하는 폭군이 될 수도 있다.

 9번 평화주의자: "나는 드러나지 않으며 그저 흐름을 따른다"
사람들을 화합하게 하며 갈등을 치유할 수도 있고, 수동적이고 고집스러워질 수도 있다.

1번 유형: CZ 개혁가

| 이성적이고 이상적인 유형 |

원칙적이고, 목표가 분명하며, 자신을 잘 통제하고, 완벽주의 기질이 있다.

: 플라톤, 윈스턴 처칠, 공자, 힐러리 클린턴, 마하트마 간디, 오사마 빈 라덴 등이 이에 속한다.

1. 특성

1) 원칙과 도덕적인 것에 충실하고 꼼꼼하며 자신 자신에게 철저하다.(완벽주의 기질)
2) 정직하고 솔직하며 말과 행동에 일관성이 있다.
   - 생각한 것을 말하고 말한 것을 행동으로 옮긴다.
3) 공정하고 개인적인 이득 때문에 어떤 일을 하지 않는다.
   - 모든 사람들은 평등한 대우를 받아야 한다.
   - 학교를 개선하기 위해서 세금을 올리는 일에 기꺼이 표를 던진다.
4) 근면하고 성실하며 일을 정확하게 처리하는 편이다.(신뢰감을 준다)
5) 도덕적으로 정의감이 강해서 세상도 개선시키고자 한다.(개혁가)
6) 대체적으로 얼굴에 긴장감과 딱딱함이 서려있다.

2. 집착

1) 완벽함과 옳은 일을 해야하며 성실함에 집착한다.
   - 집에 돌아 온 아이에게 꼭 숙제를 하고 나서 놀아라
   - 가계부 정리를 1원의 오차도 생기지 않게 정리
   - 쇼핑할 때 철저히 계획하고 구매함
2) 강한 의무감으로 모든 상황을 개선시켜주는 것이 자기 할 일이라고 생각한다.
   (항상 긴장하고, 많은 짐을 지고 산다)
   - 어떤 일에서든 잘못된 부분을 지적하고 나은 방식을 제시한다. (시각이 부정적이다.)
   - 방문한 집 현관 신발정리 안된 것 , 벽에 액자 비틀어진 것들이 눈에 꼭 띠고 거슬린다.
   - 이미 완성해 놓은 일도 다시 뜯어고친다.(뭔가 부족함) ; 조금 수정하면 될 강의록을 처음부터
     다시 쓴다.
   - 일을 하는데 가장 좋은 방법을 꼭 가르쳐준다.(어른에게 부모와 교육자역할) ; 단순한 설거지나
     신문정돈, 노트정리 하는 법까지 알려줘야 한다.
3) 하지 않으면 안 된다. 또는해야 한다는 말을 자주 사용한다.
   (내면의 또 다른 자기 비판자가 있음 – 꼭 이래야 된다는 자기만의 기준이 많다.)
4) 지나쳐 버릴 수 있는 것까지 자기변호와 자기비판을 잘한다.(묻지 않아도)
   - 동료 결혼식 불참하고 그냥 그 날 못 가서 미안해하면 되는데 그 날 이래 저래서 못 갔다고 자기
     를 변호함
5) 자연스러운 본능(성과 배설)도 더럽고 부끄러운 것이므로 지나치게 감추려고 신경 쓴다.
   - 몸이 아픈 엄마, 자다가도 장롱 위 안 닦았다는 생각 들면 일어나 닦고서야 잠이 든다.
   - 10년이 된 씽크대도 새 것처럼 반짝반짝하다.
   - 화장실 옆에 누가 있으면 볼일을 못 봄
6) 늘 긴장하고 심각해서 휴식을 취하기 어렵다.(노는 것도 일하는 것처럼. 일 중독)
   - 휴가를 가서도 의무감에 뭔가를 해야 한다고 느낌.
   - 해변에서 보내는 시간은 짧게, 박물관에서는 오래.
   - 휴가 갈 때 진지하고 유익한 책을 꼭 챙겨간다.

3. 유혹(함정)

1) 완벽에 대한 높은 기대로 과도할 정도로 자신과 남들을 비판한다.(심판자, 잔소리 대장)

– 차 속에서 손자 손녀 자세가 흩어지면 숨도 못 쉬게 즉각 호통
2) 세상을 바로 잡는 것이 중요해서 세세한 것까지 신경 쓰므로 큰 것을 놓칠 수 있다. ; 자기만의 규정된 틀을 갖고 세상을 보기 때문에 우물 안 개구리 식의 옳음일 경우가 많다.
– 교감: 일을 바로잡기 위해 모든 교직원과 불화, 교무실 분위기 삭막함.
– 이치를 따지면서 자신과 남을 너무 괴롭힌다. (피곤한 인물. 다 피함)
3) 조용할 때 남들이 아무 말이 없어도 자기는 남들로부터 비판받고 있다고 느낀다.
4) 자신과 남의 잘못을 용납 안 한다. ; 스트레스를 주면서 야단친다. 집요하다.
– 과거의 잘못도 마음의 목록으로 작성해 기억함.(마음 안에 나와 남의 결함 창고 있음.)
– 부부 싸움할 때 몇 년 전 일까지 다 들추어내서 따진다.

4. 회피
1) 분노를 피한다.
– 이룰 수 없는 이상(완벽함)을 추구하므로 항상 현재에 만족하지 못한다.
– 자기 마음대로 안될 때 자기, 남, 세상에 대해서 낙담하거나 분노를 느끼며 남을 탓한다.
– 남들은 노력하지 않고 책임감 없이 놀기만 한다고 느낀다. 그래서 원망이 나온다.
2) 왜, 다른 사람들은 노는데 나만 이렇게 열심히 일해야 하는 거지 ??
3) 문제는 자신의 분노를 인식하지도 표출하지도 못하고 억압한다. ; 왜 ? 화내는 것은 완전하지도, 옳지도 않은 것이므로
4) 분노를 피할 때 보면 화는 잘 내지 않지만 얼굴이 붉어지고, 불만족한 표정이 역력하다.

5. 방어기제
1) 분노에 대한 반응형성이다.
– 마음 한구석에 분노가 자리잡고 있지만, 이를 느끼면 표정을 의연하고 온화하게 짓는다.
– 그러나 남들은 1번이 화가 난 것을 억지로 참고있다는 것을 표정으로 다 알 수 있다.
– 화를 참다가 한계에 다다르면 말투가 고음이고 신경이 곤두 선 듯한 짜증 섞인 목소리로 화를 내고는 그 책임을 상대방 탓으로 돌린다. (네가 완전하지 못해서 내가 큰소리를 냈지만 나는 화가 난 게 아니라고 부인한다. – 원인은 자기는 완전해야 하기 때문에 부인.

2번유형 : CX 돕고자 하는사람

| 사람들을 잘 돌보고 그들과 교류하기를 즐기는 유형 |

자신의 감정을 잘 드러내며, 사람들을 즐겁게 해 주고, 관대하며, 소유욕이 강하다.
: 엘리자베스 테일러, 루치아노 파바로티, 스티비 원더, 무하마드 알리 등이 이에 속한다.

1. 특성
1) 동정심이 많고 남을 잘 돌보며 교류를 잘 한다(사교적). 관대하다.
2) 진지하고 감정을 쉽게 드러내며 사람들의 기분을 잘 이해한다.
3) 사람들은 2 번들에게 끌린다.
4) 사랑, 친밀감, 가족, 우정과 같은 정에 관심이 많다.
5) 누구나 원하는 좋은 부모의 모습을 가지고 있다.
6) 사람들에게 애정과 관심으로 생기를 불어넣어 주면서 격려를 잘 한다.

2. 집착

1) 항상 남을 도와야 된다

2) 좋든 싫든 상관없이 남들이 무엇을 원하는지 신경 쓰고 돌보아 주어야 마음이 편하다.
  – 길 잃은 개를 보면 집에 데려다 주고 싶다.
  – 지나가는 까마귀라도 붙잡아서 식사대접하고 싶다.
  – 2번 남편 : 일요일날 가족을 위해 요리와 청소도 한다.
  – 2번 옆집 아주머니 : 탁아 정보와 영양에 관한 정보도 알려줌

3) 부탁을 받으면 거절하지 못하고, 부탁하지 않은 일도 앞장서 도와준다.
  – 신부님이 장기출장 후 밤 11에 귀가했는데 그 때 신자에게서 상담전화가 와서 거절하지
    못하고 새벽 3시까지 상담을 해 줌 (거절을 못함)

4) 남들에게 해주는 것이 충분치 않다고 느낄 때 사람들의 기분을 맞춘다.(호감을 얻기 위해) ;그 결
   과 자신의 감정을 남에게 맞추어서 행동하게 됨
  – 지나친 호의, 지나친 걱정, 지나친 관대함, 아첨하기 등을 한다.
  – 점심 먹었어. 몸이 아파서 어떻게 하니?
  – 기분 나쁜 일이 있나봐 얼굴이 별로 안 좋아?

5) 모든 사람들과 똑같이 친해져야 한다고 생각한다.
  – 우체부와도 친한 친구가 되고 모든 이웃아이들을 잘 돌본다.
  – 남이 요청하는 협조사항은 최우선으로 처리한다.

6) 모든 친구에게 특별히 중요한 사람이 되기를 원한다.
  – 자기에게 충고를 구하고, 비밀을 나누며, 의논상대가 되기를 원한다.
    개인정보를 알기를 원하고 이야기하기도 한다.(?나 그 사람과 친하다?는 뜻)
  – 그 친구가 곧 이사를 간다는 데 아직도 집을 못 구했대??
  – 그 집 아이가 병이 깊어서 휴학을 했다지 뭐야. 글쎄 등등....

7) 사람들에게 봉사하기 위해서 많은 노력을 쏟는다.
  – 카드 상담, 마사지, 기 치료, 영양에 관한 정보, 요리, 탁아정보 등에 관심을 갖는다.
  – 이렇게 할 때 항상 자신을 원할 것이라고 생각함.

8) 사람들에 대한 소유욕과 애정관계에서 독점욕이 강하다.
  – 신봉자들을 주변에 끌어 모으며 가까운 사람들을 보이지 않는 끈으로 묶어둔다.

3. 유혹(함정)

1) 남을 돌보는 것과 아첨이다.
  ; 관심을 표현함으로써 재빨리 친밀감을 형성한다.
  – 이사 와서 반상회 참석, 2번 아주머니가 제일 먼저 다가와서 여러 가지를 알려 주며 따뜻
    하게 대해 준다.
  – 상대방의 재정, 건강, 성생활 등에 질문을 하기도 한다.(사생활에 개입할 수 있다.)
  – 되돌려 받기를 원하면서 남에게 준다.
  – 애정표현을 듣고 싶어 살짝 알려주기도 한다.
    ex) 옥순씨 3월 6일이 당신 생일이죠? 내 생일도 곧 다가와요. 하면서 꽃을 보냄.
       (나도 받고 싶다는 것을 표현)
  – 아첨과 칭찬을 하면서 자기를 사랑이 많은 사람이라고 알아주기를 원한다.

2) 헌신에 대한 감사와 보답을 원하나 그렇지 않을 때 조정하기도 한다.
  – 나는 당신을 사랑합니다.? 라는 말을 듣고 싶어한다. (어느 것하고도 대체할 수 없음)

3) 보상이 없을 때 많은 투자를 했다고 분노를 느낀다.(비난, 이용당했다는 피해의식)
  – 2번이 도와 주었는데 상대가 '고맙다'고 하지 않으면 2번은 이용당했다는 느낌이 든다.

4. 회피

1) 자신의 욕구를 부정한다.
- 남을 돌보아 주는 것으로써 부드러움, 섹스, 애착, 상처 등을 눌러 놓는다.
- 자기욕구를 충족시키는 것은 "이기적이고 남들이 자신을 멀리할 것이다"라고 느낀다.
2) 자기를 한 번도 생각해보지 않았기 때문에 자기 내면을 들여다보는 것이 두렵다.
3) 내적으로 하는 묵상기도가 어렵고 여러 가지 봉사활동을 다 하게 된다.

5. 방어기제

1) 나쁜 말과 감정(수치심, 슬픔, 분노)을 억압하고 표현하지 못한다.
- 감사의 표시가 없을 때 직접적으로 "나 섭섭했었다'는 말 표현하지 못함.
2) 자신의 욕구를 간접적으로 표현한다.(애정을 강요하기도 한다.)
- 직접 말하지는 않지만 남들이 알아차려서 되돌려 주기를 원한다.
3) 나쁜 말은 한 마디도 안 하면서 전체의 분위기를 해칠 수 있다.
- 왜 내가 뭘 잘못했다는 거야? 난 아무 것도 잘못한 것이 없는데!
4) 기분이 좋지 않을 때 자신을 감정을 노골적으로 드러내 불쾌하게 만든다.
- 바쁠 때 누가 말을 걸면 평상시 부드러운 태도와는 달리 다른 반응을 보임

3번유형 : AZ성취하는사람

| 성공지향적이며 실용적인 유형 |

적응을 잘 하고, 뛰어나며, 자신의 이미지에 관심이 많다.
: 엘비스 프레슬리, 톰 크루즈, 오프라 윈프리, 타이거 우즈, 폴 매카트니, 빌 클린턴 등이
이에 속한다.

1. 특성

1) 유연하고 적응을 잘하며 자신의 이미지에 관심이 많다.
2) 사회적으로 받아들여지는 좋은 자질을 자신의 것으로 만들 수 있다.
3) 타인에게 최선을 다하도록 격려하며 팀의 사기를 잘 북돋운다.(동기부여자, 리더쉽)
4) 유능하며 일을 빠르고 효율적으로 척척 해낸다.(남들이 부러워함)
5) 인상이 매력적이고 창의적이며 자신감이 넘치고 활동적이다. ;미남미녀가 많고, 사회 정의와 올바른 세상, 부의 공정한 분배에 관심이 많다.

2. 집착

1) 성공을 위해 산다.
- 가정과 지역사회에서 성공이라고 정의되는 것이면 무엇이든지 성취하고 싶어한다.
;왜? 자신이 가치 없는 존재가 되는 것이 두렵기 때문에
2) 목표 지향적이고 성취하기 위해서 일에 매진한다. (일 기계)
- 큰집에 사는 것이 성공이다 하면 몇 년 안에 큰집을 사기 위해서 열심히 돈을 모은다.
3) 동료와 비교하며 최고가 되고 싶어 경쟁적이다.
- 사무실에서 자기보다 컴퓨터를 잘하는 사람 있으면 나도 더 열심히 해서 최고가 되야지
- 가장 아름다워지기 위해서 남들보다 더 좋은 옷을 입고 좋은 집에서 살기를 원한다.

4) 항상 무엇을 하려고 하며 매우 바쁜 생활을 한다. (활동적)

   – 영어교사 하루종일 쉬는 시간에도 끊임없이 교과서를 펼쳐서 보고 있다.

    ; 왜 능력 없는 교사로 보일까봐

   – 쉴 틈이 없이 스케줄은 빽빽하고 일 이외에도 여행이나 스포츠 계획으로 꽉 차 있다.

   – 직장 생활하는 두 아이의 엄마는 여가시간에 틈틈이 볼링하러 다니고, 저녁에는 대학원
     수강, 방학 때 인도여행, 주말에는 유명인이 나오는 콘서트 참가

   – 자기자랑과 잘난 척을 잘 한다.

   – 입원한 3번 : 자동차영업사원이 방문 – 나 이런 사람이예요, 한 달에 수입이 이 정도예
     요; 그러니까 나를 무시하지말고 잘 챙겨라. 끊임없이 자기를 드러냄

   – 자신뿐만 아니라 자기와 관계된 가족, 친구 심지어 애완견까지도 매력적이고 근사한 사람
     이기를 원 한다. 또 남들에게 자기 주변의 모든 것을 실제보다 더 그럴 듯하게 표현한다.

5) 화술이 좋아 상황에 따라 자신을 연출하며, 상대방 위주로 말과 행동을 한다. (천의 얼굴, 이미지
  메이커, 광고, 마케팅, 세일즈, 패션계의 활동)

   – 서핑그룹의 멤버와 함께 할 때는 서퍼로서, 수재들 모임에서는 수재의 모습으로

   – 파티장에 가면 기쁘지 않으면서도 기쁘게, 장례식에 가면 슬프지 않으면서도 슬프게

   – 팥으로 메주를 쑨다고 해도 믿을 수 있을 정도로 화술이 좋다.

6) 실리를 추구하며 잇속에 밝은 면이 있다.

   – 퇴임한 교장 학교 방문 시 3번 교사는 인사하러 안 갔다. 그러나 조금 뒤에 새로 교장으
     로 진급한 전 교감이 왔을 때 얼른 가서 반갑게 인사한다.

   – 빵을 보는 순간 어느 쪽에 팥이 많이 들어 있는지 안다.

3. 유혹 (함정)

1) 효율성을 중시하면서 성공에 매진한다.

2) 효율이 없고 시간을 낭비하며 무능한 것을 특별히 경멸한다. (성공에 걸림돌이 되므로)

   – 아무런 성과도 없는 활동에 시간투자하기를 싫어한다.

   – 청년회장으로 일을 추진하는데 아무런 성과가 없으니까 그만두고 다른 곳으로 옮김.

3) 수단과 방법을 가리지 않아, 남을 이용하고 성공의 도구로 생각한다.

   – 목표 : 에어콘 2000대 생산, 부하들 연장근무뿐만 아니라 주말에도 일을 강행한다.

4) 몸이 아픈 부하 있으면 병원에 가면 되고, 수당을 많이 주면 된다고 생각함.

   – 지위나 칭찬, 그리고 거액의 수당이 있으면 쓰러질 때까지 일한다. (돈이 성공일 때)

   – 마음의 갈등이나 혼란, 인간관계에서의 문제들에는 주의를 기울이지 않는다.

   – 가정과 건강도 희생. 자신의 감정과 욕구를 억압하며 남의 감정도 무시한다. (감정적인
     개입은 효율을 떨어뜨리므로)

4. 회피

1) 실패를 피한다.

2) 실패했을 때 쉽게 패배를 인정하지 않고 남 탓으로 돌린다.

   – 자기가 기획한 일이 실패했을 때 팀이 협력을 안 했기 때문이야 하면서 그 기획자체에 오
     류가 있었다는 것을 받아들이지 못한다.

   – 실패한 것은 자기기억에서 지워버리고 성공한 것만 떠올린다.

   – 코너에 몰리면 슬픔과 두려움 등 보려하지 않고 감정 닫아버린다.(냉정하고 냉혈 함)

   – 회사가 망할 경우 더 열심히 일하면서 근심, 걱정을 전혀 보려고 하지 않음 (현실도피)

   – 퇴출당한 회사원이 직장을 다시 구하기도 전에 친구 사무실에 가서 일을 하고
    직장 다닐 때보다 더 늦게 들어옴. 5번 부인 이해가 안감

5. 방어기제

1) 훌륭한 역할과 성공한 사람을 자신과 동일시한다.

- 박세리가 우승하면 내가 우승한 것 같다. (대리성취 느낌)
- 유명인과 개인적 친분관계 자랑
- 자신의 가치가 곧 실적의 가치이다. (세일즈맨의 실적)
- 인격의 성숙 없어도 국회의원이면 성공한 사람이다.
- 의미 있는 것 많으면 많을수록 나는 훌륭한 사람이다.

2) 학위, 직업, 지위, 자격증, 명함의 타이틀의 수, 상 같은 것들이 필요하다.
- 3번 : 자격증 때문에 전문 상담 과정 이수한다.
- 1번 : 자격증이 아니라 자기업무에 필요하기 때문에 전문 상담 과정 이수한다.

3) 사람들이 중요시하는 (혹은 인기있는) 단체, 동아리 속에 끼는 것을 즐긴다.
- 출세한 사람들이 많이 모인 동창회 줄기차게 나가더니 회장 역 맡고 돌아온 3번, 5번 부인은 잘 알지도 못하는 사람이 많은 데 왜 거기에 나가냐고 성화

4번유형: BY개인주의자

| 민감하며 안으로 움츠러드는 유형 |

표현력이 있고, 극적이며, 자기 내면에 빠져 있으며, 변덕스럽다.

: 말론 브란도, 안젤리나 졸리, 조니 뎁, 마사 그레이엄, 빌리 홀리데이, 밥 딜런 등이 이에 속한다.

1. 특성

1) 고상한 취미, 우아함, 귀족적, 세련됨, 신비로운 면을 가지고 있다.
2) 스타일에 대한 감각이 남다르고 연출도 뛰어나다.
- 스카프, 악세서리, 베레모로 멋을 잘 냄.
- 똑같은 옷 입으면 당장 벗어버림(기성복에 대한 혐오감)
3) 심미안이 있고 매혹적이며 아주 개성적인 창조성을 가진 사람이다. (소설가, 화가, 시인, 음악가 등이 많다.)
- 추한 것에서도 아름다움을 발견한다.
- 천 조각, 휴지조각으로 뭐든지 만들 수 있다.
4) 다른 사람의 내면 안에 있는 깊고 섬세한 감정과 교류할 수 있어 훌륭한 상담자가 될 수 있다.
5) 상징적인 표현을 잘하고 예술적인 감각이 남다르고, 어색하고 꾸민 듯한 말투를 가진 경우도 있다. (인생이 삭아간다. 멋있는 낙방, 아름다운 비)
- 상상 속에서 본 멋진 풍경을 남들도 볼 수 있고 공감할 수 있도록 표현할 수 있다.
6)개성적인 창조성이 있다.
- 개인사, 감정의 세계, 가족사 등에 대해 특별한 이야기를 가지고 있다. (소설가, 극작가, 시인 등)

2. 집착

1) 특별하고 남과 다른 독특한 자기를 추구한다.
2)그렇기 때문에 아무도 자신을 이해하고 사랑하지 않는다고 느낀다.
- 과거의 고통으로 자신은 비극의 주인공이므로 남들과 다르다. 그래서 아무도 자신을 이해 하지 못하고 사랑하지 않는다고 느낌. (사랑 받지 못하는 원인은 나한테 있다.)
3) 깊은 감동을 갈망하고 희노애락의 모든 감정을 강하게 느낄 때 나는 살아있다.
- 자신의 감정에 빠져 과거를 회상

- 도시에 살다가 잠깐 시골에서 딸과 함께 살게되자 하루하루 땅을 파면서 사는 것이 너무 너무 진한 감동이 와서 더 깊은 산 속에 가서 살아야겠다.

4) 상상 속에서 시나리오를 만들어 자신의 감정을 지속시키고 강화시키려 한다.
  - 떠나간 사람을 떠올릴 수 있는 음악을 골라 반복적으로 들음으로써 자신의 옛 감정을 되새긴다.
  - 그 결과 현실이 아닌 상상 속으로 빠져들게 한다.
  - 4번 회사원이 동료들과 어울리지 않고 혼자서 예전에 만났던 사람을 생각하면서 그들과 사랑에 빠지고 결혼하고 아이를 갖는 것을 상상한다.

5) 미적이고 감각적인 것을 통해서 자신의 감정을 유지하기도 한다.
  - 자기주변에 아름다운 물과 음악, 조명, 향 등을 놓고 분위기에 취하기도 하고 밤새도록 영화보기 (TV보기), 음악을 들으며 과식, 과음하기, 마약중독 등에 빠져들기도 한다.

6) 자신의 환경과 사용하는 물건에 대해서도 아주 까다롭고 강박적이다.
  - 자신이 사용하는 펜, 침실의 조명, 커텐 등 마음에 꼭 드는 것 아니면 불편해 함.

7) 주변환경과 대조적인 감정을 갖는다.(정체성 강화)
  - 다른 사람이 행복하면 나는 슬프고, 다른 사람이 슬프면 나는 웃음이 난다.
  - 자기를 존중하는 마음이 낮아 실제 자신의 능력을 개발하지 않고 환상 속의 자아를 개발함으로 써 보상하려 한다.
  - 클래식 음악을 들으면서 자신이 멋진 피아니스트가 되는 상상으로 많은 시간을 보낸다.
  - 그러나 실제 피아노 실력이 환상 속의 자기를 만족시키기에는 부족함. 누가 부탁하면 연주 할 자신이 없어 피하거나 미루고 당황해 한다. (자신의 실제 능력이 이들에게는 수치심의 원천이 다.)

8) 인간의 어두운 부분(상실, 이별, 고통)에 흥미가 있고 특히 죽음과 친화력이 있다 (어두운 감정과 친숙함).

9) 자기의 죽음을 종종 그려보고 즐긴다.
  - 노처녀 미술교사 발령 후 6개월 동안 수업시간에 나는 중병에 걸려서 언제 죽을지도 모르고, 그 래서 수의도 다 해 놓았다고 함.
  - 자신의 죽음까지도 미적으로 아름다워야 하므로 자기가 아름다울 때 죽어야 한다. (꽃 밭)

10) 자신의 인생에는 많은 것이 결핍되어 있다고 느껴 대단치 않는 장벽에도 쉽게 상실감에 빠지고 자존심이 꺽이며 움츠려든다.

11) 예민한 감수성 때문에 섬세하고 민감함을 알아주지 않을 때 분노하고 상처를 받아 의기소 침해 지고 우울해지기 쉽다.

3. 유혹(함정)

1) 독특한 고유함과 특별함에 유혹을 받아 특별한 존재가 되려고 하고 우울에 잘 빠진다.

2) 늘 부족함과 상실감을 느껴 불운에 대해 지나치게 민감해지고 과거의 감정에 묶여 비극의 기억들 을 두고두고 되씹는다.
  - 상처를 준 사람과 버림받았다는 기억, 불행했던 유년시절을 회상하면서 시무룩해지고 인 생의 희망을 상실하게 된다.

3) 늘 공상 속에서 부정적인 비교를 함으로써 과장된 감정과 기분에 빠져 작은 일이나 별 것 아닌 말 에도 상처받고 의기소침해지고 분노한다.
  - 살이 빠지셨군요? 하면 그 사람은 저사람은 내가 뚱보였다고 생각한 게 틀림없어! 로 해석.
  - 당신 오빠는 정말 재능이 많은 분이군요.?하면 오빠에 비해 나는 재능이 없는 사람이다.라는 말 로 듣고 의기소침해진다.

4) 행복하기 위해서 때로는 절망과 고통을 받아야 한다. (불행은 내 창조력의 원천)
  - 4번 수사님 : 하느님의 사랑의 체험을 더 느끼기 위해서 인도의 요가수련원까지 가서 자기 몸을 학대한 순간에 더 큰 하느님의 사랑체험을 했다.

5) 감정이 가라앉거나 음울할 때는 자기 방종에 빠져들고 감정의 양극단을 넘나들며 자신의 변덕스 러운 기분대로 행동한다.

- 재력을 갖춘 의사부인이 어느 날 머리가 엉크러질 때로 엉크러져 치장도 안하고 우수에 젖어 있음.이유 없이 슬프면 한없이 슬픈 감정에 젖는 것이 익숙해져있다.

6) 특별하려고 할수록 개성이 강하고 엉뚱하고 이국적이고 이방인같이 보여진다.

7) 아무도 날 이해하지 못한다고 느끼므로 공동체에서 함께 일하기가 힘들다. 자연과 친화력이 있고 이야기를 잘함 (여행을 좋아한다.)

8) 남에게 협조할 줄 모르고 적개심이 많은 사람이 되어 관계를 맺고 친구 사귀기가 어렵다.

4. 회피

1) 모든 평범함을 꺼린다.(진부한 것. 관례적인 것. 품위 없는 것. 피상적인 대화 등)
   - 선을 보러나간 4번에게 어디사세요, 오늘 날씨가 너무 좋네요?와 같이 진부한 이야기를 하면 그냥 일어서서 나옴.

2) 인도의 문화와 음악은 이렇고 저렇고 하면 너무 괜찮다. 즉 평범함을 피한다.

3) 남들과 똑같아지는 것에 공포를 느낀다.
   - 평범함과 일상적인 것으로 가득 찬 현대를 살지 못하므로 생활 속의 잔잔한 기쁨과 삶의 소중함을 놓칠 수 있다.

4) 사회규칙을 지키지 않고 다른 사람들이 강제로 시키는 일에 저항감을 갖는다.
   - 생계를 유지하는 일이나 평범한 사람들이 하는 일. 미적수준이 떨어지는 일들을 못 견뎌 한다.
   - 공동체 생활을 어려워 할 수 있다.(획일적. 규칙에 얽메임)

5. 방어기제

1) 인위적으로 승화시키는 것이다. 느낌을 직접 표현하지 않고 간접적으로 자기를 표현한다. (슬픔, 고통, 거부의 공포를 완화함)

2) 어떻게 하면 독창적이고 신빙성 있는 방법으로 자신을 표현할지 연습하기 위해서 타인들로부터 물러난다.(상징, 비유, 드라마틱한 것, 멋 부리는 치장을 좋아함)

3) 다른 사람과 멀리 떨어져 있으면서 자신에게 관심을 가져 주기를 원한다.
   - 좋아하는 사람에게 가까이 다가가기를 어려워한다.
   - 전화를 먼저 하는 일도 없고 남들이 해주기를 원한다.
   - 있는 그대로의 자기를 보여주지 않고 드라마틱하게 자신을 연출하여 보여 주려고 하는 이면에는 스스로 자신은 미미하고 가치 없는 존재라는 생각이 자리하고있다.

4) 고상한 취미와 드라마틱하게 자신을 연출한다.
   - 40대 여성: 성 같은 분위기의 집에서 비 오는 날에는 검은색 드레스를 입고 커피를 마시며 분위기에 취함.
   - 최고 음식점에만 가고 모자가 수십 벌. 싫증을 잘 내기 때문에 자주 바꿈
   - 있는 그대로의 모습을 보여주기보다는 꼭 연기하는 것처럼 보이므로 자연스럽거나 자발적인 느낌을 갖기가 어렵다.

5번유형: BZ 탐구자

| 이지적인 유형 |

- 지각력이 있고, 창의적이며, 혼자 있기를 좋아하고, 마음을 잘 드러내지 않는다.
: 아인슈타인, 석가모니, 스티븐 호킹, 빌 게이츠, 마크 저커버그, 알프레드 히치콕 등이 이에 속한다.

1. 특성

   1) 지적이고 냉철한 관찰자로서 정확하게 의사결정을 내리며 이해력과 통찰력이 있다.

   2) 호기심이 많고 창의적이며 수용적이다.

   3) 여러 의견을 하나로 모아 요약 정리를 잘 한다.

   4) 주제가 없는 이야기나 모임을 싫어하며 말수가 적다.

   5) 신중하고 사려가 깊으며 유머감각으로 주위 분위기를 부드럽게 하는 기지가 있다.

   6) 깊이 탐구하여 문제의 핵심을 파고드는 재능이 있다.(분석적, 창의적)

2. 집착

   1) 모든 것을 알고, 이해하고 싶다는 것에 집착한다.(현명하기 위해)
      - 어떤 회사원은 뭔가를 배우지 않는 날은 햇빛이 없는 날과 같다.
      - 회의에 참석하면 맨 뒤에 앉아 모든 상황을 관찰하고 끝날 무렵에 한마디로 요약정리해서 이야기한다.(관찰자)
      - 항상 미래를 예측하고 대비하고자 한다.(예기치 못한 사태를 두려워하여 미리 정보 입수)
      - 회의에서 이야기할 내용과 소요될 시간을 미리 생각해 준비한다.
      - 외국인 회사 합격자 발표 후 노르웨이 세미나 있다는 얘기 듣고 거기까지 가서 상황을 알 아 보고 정보를 입수해 옴 ; 현실에서 얻는 정보를 정리하기 위해 혼자만의 시간과 공간이 필요하다.
      - 구석진 다락방선호, 고독 속에서 공상을 즐김
      - 결혼해서 자기 방 따로 없는 것이 속상하다. (자기공간 없으면 힘들어한다.)

   2) 결혼하기 전에 골방을 자기 방으로 쓰고, 문을 잠그고 다니다.
      - 어떤 5번 수녀님이 피정 가면 제일 먼저 주문사항이 구석진 방 주세요.
      - 회사원이 틈만 나면 추운 휴게실에 혼자서 바둑 책, 낚시 책 본다.

   3) 독특한 것, 환상, 비밀, 신비한 것에 관심이 많다.(남들이 알지 못하는 분야)
      - 고등학생이 프로이드의 정신세계에 관한 책을 매일 학교에서 읽는다.(꿈과 관련)
      - 내면세계에 관심이 많으므로 에니어그램 모임에 잘 나올 수 있다.
      - 점성술 등

   4)사람 앞에 나서는 것, 주목받는 것을 별로 좋아하지 않는다.(사교적이지 않다.)
      - 5번 모임에 가면 먼저 나서서 말하는 사람이 없어서 몇 분 동안 침묵이 흐름. 대체로 남의 말을 듣는 것을 좋아한다.
      - 3번 모임에 가면 서로 만나자마자 명함을 주고받고 하면서 자기를 드러낸다.

   5) 사생활이 공개되는 것이 두려워 경계적인 자세로 관계를 맺고 현실에 개입하지 않으면서 모든 것을 알고 싶어한다.
      - 이사 온 후로 반상회 거의 참석하지 않는다.

3. 유혹(함정)

   1) 지식에 대한 탐욕이다. (지식 = 힘이다.)

   2) 모든 것을 알면 삶을 보장받으리라 생각한다.

   3) 그래서 끊임없이 지식을 끌어 모으고 정보를 수집하여 마음 속에 쌓아 둔다
      - 또 다른 학위, 세미나, 책, 침묵, 피정 등 쫓아 다님
      - 시간, 에너지, 자원에 대해서는 탐욕적이다.
      - 지적 활동에는 시간과 노력을 아끼지 않으나 타인을 위해 쓰기는 싫어한다.

4. 회피

   1) 내적 공허감을 피한다. (공허감을 채우기 위한 훌륭한 도구는 지식)
      - 신혼 때 다른 방 쓰는 남편에게 가보면 문 잠그고 책 속에 파묻혀 자료 수집한다.
      - 대 낮인데도 검정 커텐을 치고 빛을 차단한 채 스탠드 불빛에 의지하여 공부에 열중

2) 수집 욕이 강하다.(특히 정보)
    – 지식, 신문, 잡지, 자신의 관심분야에 대한 노트나 책, 레코드, 선물 등
      담배, 은갑지도 차곡차곡 모으고, 신문도 수십 년 된 것들이 수두룩.

5. 방어기제

1) 후퇴와 거리두기이다.
    – 감정적으로 휘말려서 판단력과 사고가 혼란스러워지는 것이 두려워 세상과 접촉하 려 하지 않
      는다.

2) 사람들과 거리두기가 습관화되어 있고 신체적인 접촉을 싫어한다. (친분관계, 감정, 섹스등 회피,
    독신자의 성격을 지님)
    – 데이트 약속 후 만나러 나갔는데 막상 만나니까 쉬고 싶어짐, 상대와 만나서 대화하고 감정을
      나누는 것보다 거리감을 두고 헤어진 후에 그 만남을 되씹어 보는 것이 더 즐겁고 친밀감을 느
      낀다
    – 결혼을 약속한 애인과 영화를 보는데 반바지 입은 남자 친구 무릎이 닿으면 얼른 피함.

3) 일이 발생하면 긴장하고 자기 감정을 억제하여 표현하는데 어려움을 겪는다.(냉정해 보임)
    – 브레이크가 고장난 버스가 도로 난간에 걸려있다.
    – 그러나 실제로 아주 깊은 감정의 보고를 가지고 있다.
    – 어떤 일이 일어나면 일단 객관적으로 바라보고 혼자 있을 때 재정리하고 평가하면서 자기감정을
      만난다.(자기세계에 빠진다.)

6번유형: CY 충실한사람

| 충실하고 안전을 추구하는 유형 |

책임감이 있고, 의심과 불안이 많으며, 사람들에게 맞추려고 한다.

: 다이애나, 마크 트웨인, 말콤 엑스, 마릴린 먼로, 로버트 드니로, 줄리아 로버츠 등이 이에
속한다.

1. 특성

1) 조직에 충실하고 남에게 호감을 준다.
2) 꾸준한 노력을 통하여 자신의 목표를 성취한다. (성공은 10%의 영감과 90%의 노력)
3) 공동의 이익을 위해 자신을 내세우지 않고 일한다. (탁월한 협동심 발휘)
4) 책임감이 강하다.(자기희생 감수)
5) 법과 규칙과 규범을 중요시한다. 상냥하고 인정이 많으며 약자의 입장을 잘 공감한다.
6) 모든 사람들을 평등하게 볼 줄 안다. (사람들은 다른 능력을 가져 이러한 능력들이 조화롭게 어울
    려서 공동의 선을 이룬다)
7) 권력자를 선호한다.

2. 집착

1) 안전하고 확실해야 한다. (삶은 위험과 불확실함으로 가득 차 있다)
    – 땅 집고 헤엄치는 것도 두려워서 못한다. 돌다리를 두드려보고도 건너지 않는다
2) 자신감이 없어서 자기 의지대로 행동하는 것을 두려워한다.
3)외적인 권위(조직, 법, 규범, 자기 편, 신념)에 의존한다.

– 시키는 사람의 의지대로만 하고 스스로 찾아서 하지 않는다.

4) 소속집단에 충실하나 외부인에게는 경계심이 많다.

– 우리편, 남의 편을 잘 따진다.(집단 이기주의 가능)

5) 가족을 따뜻하게 보살피고 살림을 잘 꾸려나간다.

6) 지나치게 충실하고 책임 있는 사람이 되려고 한다.

– 6번 직장 근무 중에 아내로부터 내일 분위기 좋은 데서 외식하자 전화 오면 알았다고 약속함, 조금 후에 본인을 신뢰하는 상사가 내일 야근할 수 있냐고 물으면 할 수 있다고 대답함. 그 날 오후에 절친한 친구로부터 내일 만나자는 이야기를 듣는다. : 당황하여 어쩔 줄 모름.

7) 너무 신중해서 중요한 결정을 내리기 어려워한다.(우유부단함)

– 이 일을 해야 할지 모르겠다. 순희는 뭐라고 할까? 그녀는 찬성할거야. 그렇지만 아버지는 반대 하실거야. 책에는 이렇게 써 있었는데..... (끊임없이 묻고 확인한다)

8) 질책 당할까 두려워 옆에 있는 사람을 비난하고 불평한다.

– 제가 유리창을 깨고 방을 어질렀어요.

9) 권위 있으면 복종하나 그렇지 못할 때는 거역한다.

– 상사가 배추 거꾸로 심으라고 하면 거꾸로 심는다.

– 컴퓨터 고장 : 전문가가 고쳤으나 또 고장이 났다. 그 권위에 불신과 분노를 느끼고 대항함

3. 유혹(함정)

1) 안전에 대한 끊임없는 갈망이다.

– 정통을 고수하고, 폐쇄적인 체계와 관습을 선호한다.

– 우리 문화가 요구하는 것 잘 지킴.(율법, 규칙 – 글자 그대로 이해)

2) 위험을 감지하는 데에 민감. 끊임없이 문제가 있는지를 찾는다.(안전제일주의 가능성)

– 자기 방의 비상구는 어딘지, 그 곳으로 가는 곳에 무엇이 놓여져 있는지 재빨리 알아차림

– 운전을 하면 뒤에 앉아서 모든 것을 살핀다.

– 눈을 뜨자마자 무슨 문제가 있는지 살핀다.(늘 하늘이 무너질 것 같은 기분)

– 얌전하면서도 야망에 시달리는 6번이 많다.(원인 – 자신의 안전을 위하여)

4. 회피

1) 생활, 단체에서의 일탈 (불순종), 불확실성, 특별함 등을 피한다. ; 우산 속(조직, 틀, 사람, 사상)에 있을 때 안정감을 느낀다.

2) 약속은 반드시 지켜야 한다.:상황변화에도 불구하고 고집, 벽창호, 샛길로 빠질 위험전무 (법 준수 확실)

– 한밤중에 지나가는 사람 없어도 횡단보도 앞에 서야된다. 그냥 가면 벌금을 매겨야 한다 고 생 각함.

3) 조금만 정도에서 벗어나도 극단적인 대처. 고발자, 비난자, 경계자이다.

4) 갑작스런 변화와 모험, 도전을 좋아하지 않는다.

– 부동산 투자해서 일확천금 만지느니 오히려 안 벌겠다.

5. 방어기제

1) 투사(책임전가)이다.– 문제를 느끼면 내 안에서 찾지 않고 밖에서 찾는다.

– 차를 타고 가는 도중에 길이 막힘. 다른 사람이 저 길로 가면 안 막힐꺼야 해서 돌아갔는데 또 막힘. 그러면 "니가 여기로 오자고 해서 막히고 늦었잖아?"하고 핑계를 댄다.

7번유형: AX열정적인사

| 늘 분주하며 재미를 추구하는 유형 |

즉흥적이고, 변덕스러우며, 욕심이 많고, 산만하다.

: 케네디, 14대 달라이 라마, 벤자민 플랭클린, 스티븐 스필버그, 모차르트, 짐 캐리 등이 이에 속한다.

1. 특성

1) 매사를 기쁘고 낙천적으로 보며 어떤 것도 심각하게 받아들이지 않는다.

2) 천진난만하고 단순하다.

3) 긍정적이며 인생에서 즐거움을 발견하는 능력이 있다.

4) 몸놀림이 가볍고 동작이 민첩하며 용모가 준수하다.

5) 놀기와 말하기를 좋아하며 사람들의 기분을 들뜨게 하고 분위기를 활기 있게 만든다. (7번 : 분위기메이커, 3번 : 이미지메이커)

7) 호기심이 많고 상상력이 풍부하며 다양한 아이디어를 제시하는 다재다능한 사람이다.

8) 쾌활하고 유머 감각이 있으며 모험심이 많고 늘 바쁘며 열정적인 사람들이다.

9) 자신이 원하는 방식으로 원하는 것을 얻는다.
   - 옷을 사기보다는 스스로 만들어서 입고, 남의 영화를 보기보다는 자신의 것을 만든다.

2. 집착

1) 모든 일에 쾌락과 재미에 사로잡혀 있다. (행복추구 –고통과 두려움에 대한 공포 때문)
   - 흥분과 다양성에 마음을 열어 놓고 있다.
   - 혼자 있을 때라도 머리 속은 재미있는 일과 아이디어로 가득하다.
   - 어떤 수녀님이 12월에 성당 일이 태산 같은데 신자가 재미있는 영화구경 가자고 하니까 모든 일 내팽개치고 따라감.

2) 한가지 일에 열중하기보다는 이일 저일 옮겨다니며 새로운 것을 배우기를 좋아한다.
   - 무슨 일을 끝까지 하기 어렵다.(책임감 부족)
   - 요리 배우다가 재미없으면 에어로빅 배우고, 또 재미없으면 볼링등...
   - 한 직장에 오래 다니는 것을 어려워 할 수 있다.(무책임)
   - 어떤 일도 끝내지 못함 맛만 보고 다니는 느낌. 전문가가 될 수 없음.
   - 두려움에 대한 공포로 끊임없이 재미있는 일을 찾아다님.

3) 스스로를 에너지를 주는 사람으로 정의한다. (기분을 들뜨게 하고 활기 있게 한다.)
   - 재미있기 때문에 친구들 사이에 분위기를 이끌어가나 깊이 있게 사람을 사귀는 일이 드물다.

4) 전형적인 궤변론자들이며 수집가이며 심미안을 가졌다.
   - 가장 좋은 일식요리 전문점, 보석, 새로 나온 영화, 최신유행과 뉴스 등을 잘 알고 있다.
   - 7번 교사 : 나는 아들이 공부 못하니까 참 좋다. 이유 : 돈도 안 들고 대학선택 고민 안 해도 좋으니까

5) 삶의 많은 영역에서 지나치게 많은 활동 속에 빠진다.
   - 끊임없이 쇼핑을 즐겨 돈을 낭비한다.
   - 담배를 피우면서 끊임없이 TV를 보거나, 전화를 하거나, 친구를 만나거나 등

6) 생각과 일에 있어서 흥분과 강렬한 자극을 추구하나 지루한 것은 진짜 싫다.
   - 그래서 아이디어가 무궁무진하나 생각자체로 끝나고 실천하지 못함.
   - 오락이 재미있으면 밤새도록 오락을 한다. 공부도 재미있다면 끝까지 하나 반대면 내 팽개친다.

7) 마음을 항상 바쁘게, 여러 가지 생각으로 가득 차 있다. (동시에 열 가지 생각도 가능)

　　　－ 비싸게 구입해서 뮤지컬을 보러 갔는데 해야 할 일이 머리 속에 계속 떠올라 앉아 있을 수 없어 나와 버림.(같이 간 친구 열 받음)

　　　－ TV를 켰다가 냉장고를 열고 먹을 것을 찾고 친구에게 전화를 했다가 노트에 낙서를 함.

　　　－ 주의가 산만하고 집중력이 부족(내면의 두려움에 대한 공포 때문)

8) 우선적인 선택을 하거나 구속당하는 것을 싫어한다.

　　　－ 3종류의 과자가 있으면 선택의 어려움으로 다 먹는다.

　　　－ 여행 시에도 가능한 한 많은 도시. 유적지를 방문하기를 원함.

　　　－ 신입사원을 5명 뽑는데 유능한 인재가 10이 왔다하면 다 뽑아버림.

9) 매사를 과장하여 밝은 면만 보려하므로 삶의 깊이와 진지함 부족

10) 타인의 감정을 무시하고 멋있는 자기만을 추구한다.

　　　－ 타인에게 상처를 주고 오해받을 수 있다. (타인과 깊이 사귀지 않고 표면적으로 사귐)

11) 강한 자기애와 낙천주의이고 자기 도취적인 성향이 많다.

　　　－ 삶이 피상적이고 표피적이다.

　　　－ 자신은 뛰어난 인간이고 재능이 많다고 생각.

3. 유혹(함정)

1) 이상주의이다.

　　　－ 현재의 삶은 실망과 고통뿐이므로 현재에 살지 못한다.(현실 도피적)

2) 과거의 좋은 기억과 미래의 계획 세우기, 아이디어 자체에 열중하나 실현되지는 않는다. (공상가)

　　　－ 주초, 월초, 년초에 수첩에 계획을 세우고 난 후에 그 즐거움에 겨워서 한잠을 잔다.

　　　－ 계획을 실천하지 못하다 보니 다시 계획을 세운다.

　　　－ 복권 사자마자 복권 당첨되는 생각에 어떻게 쓸 것인가 계획 세움.

　　　－ 과거의 고통스런 체험으로부터 고상한 생각이나 이상을 전개한다. (고통스런 과거의 낭만화)

　　　－ 좋은 옷을 입고 가장 좋은 구두를 골라 신은 다음 춤을 추러 나감.

　　　－ 1.4후퇴 피난지에 피난행렬에서 노래를 부르면서 즐겁게 걸어감.

4. 회피

1) 육체적 심리적 고통 모두 회피한다. 어느 것도 고통의 원인 가능(꾸중. 이미 한 말 등)

　　　－ 흥미 있는 것들로 채움으로써 고통스러운 감정(상실감. 슬픔. 고통)을 보려고 하지 않는다. (자신의 내면을 보기 어려워 함)

　　　－ 어렸을 때 학교에서 예방주사 맞으면 선생님과 숨바꼭질을 함. 그래서 결국 안 맞음.

　　　－ 즐겁지 않은 이야기 듣지 않으려고 농담을 하거나 웃는다.(험담을 싫어함)

2) 감정적인 문제들을 잘 처지하지 못한다.

　　　－ 환자를 돌보는 봉사 못함 : 타인들의 고통과 괴로움을 보는 것조차 끔찍함.

　　　－ 부도가 나서 집안의 모든 물건에 딱지가 붙기 직전인데도 7번 아빠 늦게까지 술 먹고 들어와서 막내딸 손잡고 춤추고 노래 부름. 부인은 자기 혼자 사는 것 같은 외로움에 대성통곡함. (어려울 때 의논상대 안됨)

　　　－ 어두운 현실을 덮어두고서라도 즐겁게 지내고 싶어한다.

　　　－ 부정적 감정에서 벗어나기 위해 쾌락에 빠져들기도 하고 술이나 약을 먹기도 한다.

　　　－ 모험과 같은 강한 자극과 흥분을 지나치게 추구하므로 중독에 빠질 수 있다.

　　　－ 참을성이 없으므로 훌륭한 아이디어를 실현 시킬수 없다.

　　　－ 일을 할 때 뒤따르게 마련인 곤란이나 불안 때문에 계획했던 일을 제대로 처리 하지 못하 고 시무룩해지거나 신경과민에 빠짐.

5. 방어기제

합리화한다. : 모든 종류의 고통과 슬픔. 어두운 부분을 느끼지 않고 보지 않기 위하여 합리화시킨다.

8번유형: AY 도전하는사람

| 힘이 있으며 남을 지배하는 유형 |

– 자신감이 있고, 결단력이 있으며, 고집스럽고, 사람들과 맞서기를 좋아한다.

: 숀 코네리, 피카소, 마틴 루터 킹, 헤밍웨이, 구르지예프, 루즈벨트, 후세인 등이 이에 속한다.

1. 특성

1) 지배력과 리더 쉽이 있으며 단호하고 대담하다.

2) 권위를 가진 지도자로서 자신감과 결단력이 있다.

3) 정의를 위하여 놀라운 의지력과 활동력으로 세상에 좋은 영향을 미칠 수 있다.

4) 주변의 모든 사람들의 삶이 더 나아지게 하기 위해서 불의한 곳에 몸을 아끼지 않고 뛰어든다.

5) 정직하고 솔직하며 현실파악력이 있다.

6) 관대하고 자신의 울타리 안에 있는 사람들을 위해 끝까지 책임을 진다.

2. 집착

1) 힘(강함)에 집착한다.
   – 삶은 위협적이고 적대적이다.
   – 세상은 전쟁터, 살아남기 위해서 힘이 필요
   – 나는 모든 것과 싸워야 해. 넌 강해져야 해. 그렇지 않으면 남에게 당하고 말걸.?

2) 모든 일을 통제하면서 자신의 책임아래에 놓여있기를 원한다.(주도권 잡음)
   – 집안 식구들 쥐고 흔든다. 아이들 몇 시까지 기상해야한다.
   – 생활비를 매일 조금씩 타 쓰고 마음대로 쓰지 못하는 아내
   – 어떤 할아버지는 젊었을 때 창고 열쇠를 가지고 끼니때마다 필요한 양만큼 쌀을 내어줌
   ※ 왜? 남에게 의존하고 통제 당하는 것이 두려워서 (모든 것은 나의 소유물이다.)

3) 자기주장이 강하고 직설적이므로 남에게 겁을 주며 맞선다.
   – 상사가 "오늘 내가 밥살거야. 한 놈도 빠지지 말고 참석해."했는데 안 오면 "니가 감히 나를 무시해"하면서 힘을 과시한다.
   – 낯선 곳에 가면 누가 더 강한지 대결하고 싶어한다.
   – 위협적이거나 스트레스가 많을수록 거칠고 공격적이 된다.(나에게 덤벼봐)
   – 8번 아들이 자기 뜻대로 안되면 방문을 차고 난동을 부리며 명령과 훈계조로 부모를 장악한다. 대학교수인 아버지 왈 내가 왕이 아니였기에 망정이지 왕 이였다면 쿠데타를 일으키고도 남았을 거야? 하면서 안도의 숨을 쉰다.
   – 도전이 주는 강렬함과 흥분을 즐긴다.
   – 무모하게 덤비는 면이 있다
   – 어떤 8번은 잘못된 식생활습관, 과음, 지나친 흡연, 강렬한 스포츠 등으로 강함을 드러낸다. (경고문구 같은 것을 무시하며 나한테는 그런 것이 일어나지 않아 하다가 건강을 해칠 때도 있다.)

3. 유혹(함정)

1) 정의를 위한 투쟁과 불의에 대한 복수이다. (복수심이 강하다)

2) 피해자와 약자는 보호해야하고 정의롭지 못한 자들에게는 복수. 앙갚음해야 한다
   – 장애인들이 부당하게 대우받는 것을 보고 관공서 찾아가서 해결사 역할 한다.
   – 8번 아주머니 학교 생활기록부에 정의감에 불탐

– 나에게 손해를 끼치거나 도전하는 사람들에게는 서슴지 않고 앙갚음한다. (잊지도 않는다.)

3) 그런데 문제는 이들의 정의는 "나쁜 사람은 벌받아야 한다"는 것에서 출발하므로 누구나 공감할 수 있는 정의는 아니다. 주관적이고 자기 지배욕의 정의일 뿐이다.

4. 회피

1) 약함을 피한다.
 – 8번 남편에게 크리스마스 선물로 멋있는 인감도장을 선물했다. 남편 왈 도장 있는데 뭐 하러 했나. 고맙다 표현하지 않음.
 – 8번 남동생에게 팔짱끼면 순간에 내리쳐 뿌리쳐버림

2) 강하고 거친 면 아래에는 연약함과 부드러움이 숨어 있다.
 – 어떤 8번 남자 혼자 있을 때 항상 부드러운 클래식 음악 틀어놓고 있다

3) 힘이 없고 약한 사람을 경멸하고 무시한다. – 자기투사

4) 남과 친밀한 관계를 맺어 사랑을 나누지 못한다.

5) 사교적인 대화에 끼는 것을 거부하고 함께 있는 것을 불편해 함.
 – 4명이 근무하는 사무실에 8번 부장과 함께 있으면 무거운 침묵만이 흐른다.
 – 맞벌이하는 부인이 후배를 집안에 초대, 함께 밥 먹을 때 한마디도 안 한다. 부인 혼자만 계속 떠든다.

6) 왜? – 나약하면 쓸모 없고 감정적으로 상처받는 것이 두려워서 거리를 둔다.

5. 방어기제

부정하고 부인한다.
 – 자기가 잘 못한 것을 인정하지 않는다.
 – 인정은 나약한 것이라는 생각 때문.
 – 자신의 뜻에 맞지 않으면 모든 것을 부정하고 거부한다.
 – 안돼 아니야 라는 말을 잘 사용한다.
 – 자신을 방어하기 위해 언어폭력을 사용하거나 상대에게 소리를 지르기도 한다.

9번유형 : BX평화주의자

| 느긋하며 남들 앞에 나서지 않는 유형 |

– 수용적이며, 자족적이고, 남에게 쉽게 동의하며 위안을 준다.
: 링컨, 월트 디즈니, 오드리 햅번, 우피 골드버그, 엘리자베스 2세, 주이 디샤넬 등이 이에 속한다

1. 특성

1) 편안하고 침착하며 조용하다.
2) 남들 앞에 나서지도 젠체하지도 않는다.(겸손함)
 – 수용적이며 가식이 없고 남에게 위안을 준다.(관대하고 도량이 넓다)
 – 공정한 중재자다.(평화를 만드는 사람)
 – 어떤 상황이나 사람에게서 좋은 점을 발견하여 화합과 일치 도모

    – 스스로 만족하고 남들의 의견에 잘 동의하나 은근히 고집이 세다.
    – 가장 균형 잡힌 유형이며 때묻지 않은 인간의 순수성을 보여준다. (에니어그램의 왕관)

2. 집착

1) 안정과 평화이다.
2) 인생사에 있어서 심각하거나 흥분할 일은 없다.(극단적으로 태평함)
    – 중요한 물건이 깨져도 침착함. – 물건도 언젠가 없어지는 것이다 라고 말함.
    – 지구가 멸망한다고 해도 차분함 (하늘이 무너져도 솟아날 구멍 있다.)
    – 가혹한 진실을 조용하고 덤덤히 표현한다.(아무 것도 문제가 되지 않는다 /타인들 그대로 받아
      들이기 쉬우나 나중에 알고 보면 속 터지는 경우 있음)
    – 위급한 상황인데도 물어보면 항상 괜찮아 잘 해결되었어 한다.
    – 나중에 알고 보면 일이 손을 쓸 수 없을 정도로 꼬일 대로 꼬여있음.
    – 평화(?)를 위해 사서 고생할 준비가 되어 있다.
      (말과 동작 느림 → 세월아, 네월아식, 별명: 거북이)
    – 전철을 한번 타면 돌아가더라도 갈아타려고 하지 않는다.
    – 아무리 막혀도 운전시 차선 변경 잘 하지 않는다.
3) 다른 사람의 말을 잘 따라주기는 하나 내면에 고집스러움과 저항이 있다.
    – 화가 나면 수동적인 공격행동을 한다. (어떤 일에 동의해 놓고 싫으면 행동으로 거부. 고집불통
      말은 yes, 행동은 no)
    – 주말에 김씨: 북한산 가자, 박씨: 유명산 가자, 9번: 속으로 팔봉산 (그러나 침묵) 회원들 이번엔
      북한산으로 결정. 9번도 동의한 걸로 생각. 그 다음날 터미널 안 나옴.

3. 유혹(함정)

1) 자기를 과소평가 한다. (함정 : 자기비하)
    – 스스로를 특별할 게 아무것도 없는 사람으로 여김으로써 삶에 뛰어들지 않고 뒤로 물러나 있다.
    – 자신의 존재나 의견은 별로 중요하지 않다고 생각함.(내세우지 않는다.)
    – 길게 대화하면 '응','응? 대답만 하면서 듣기만 한다. 생각은 다른 곳에 가 있다.
    – 자기애와 자신감이 없고 스스로 자신을 자극해서 움직이는 것이 어렵다.
      (움직이게 하는 활력을 타인에게서 구함)
    – 7년 동안 대학원 간다고 꾸물거리다가 회사에서 대학원 자격증을 원하니까 그제서야 입학함.
2) 자신의 욕구보다는 타인의 욕구를 중시한다.(타인이 더 중요하기 때문에)
    – 몸이 아플 때 얼마간 병원에 가지 않고 견디나 아이가 아프면 당장 병원에 간다.

4. 회피

갈등을 피한다.
    – 다른 사람들의 요구를 잘 받아준다.(남이 하자는 대로한다. 남에 의해 좌지우지 가능성)
    – 연결을 잃는 것과 자기 혼자 떨어져나가는 것에 대한 두려움 있다.
    – 직장동료가 돈 좀 빌려달라고 하면 거의 만기가 다된 적금 해약해서 빌려줌. 그 다음 날 친구 어머
      니가 돈 빌려달라고 또 전화 오니까 알았어요라고 함
    – 결단이나 선택을 못하고 일의 우선 순위를 정하지 못한다.(내면에 독자적인 자기 생각 있음)
    – 식사 뭐 먹을래 물으면 너가 원하는 것이면 무엇이든 좋다고 대답한다. (요구나 선택할 때 맘대로
      하세요 라는 말 자주 쓴다.)
    – 관악산으로 가자 하면 따라 가는데 두, 세 군데 놓고 결정을 해야 할 때 나 안감
    – 집안의 대소사 결정할 때 은근 슬쩍 빠져나가서 설거지한다.
    – 문제 발생 시 어떠한 반응도 보이지 않고 무시하거나 끝까지 해결되도록 견딘다.

– 형제가 싸우면 안 말리고 자기 방으로 가서 신경 꺼버리고 잔다.
– 9번 교사 : 상사가 이것저것 간섭하니까 이 학교 떠나야 되겠다. 왜 그러는지 알려고도 해결 할려
 고도 하지 않음

5. 방어기제

혼수상태이다.
– 현실도피의 수단으로 스포츠, 카드놀이, 비디오시청, 골동품 수집 등 중독상태에 빠진다.
– 아무 일이 없거나 너무 많으면 그냥 자버린다.(잠 : 가장 이상적인 현실도피의 수단)

	특징	평가	흥미, 적성	직업
1 완전 무결	기준과 원칙대로 열심히 일하며, 현실적이다. 도덕적이며 옳지 못한 일은 하지 않는다.	비판적이다. 완벽주의다. 정직하다.	정확한 것을 따지는 분야 가르치는 일 도덕적인 일	법률가, 정치인, 교사, 의사, 성직자
2 사랑 도움	다른 사람을 먼저 생각하며, 헌신적이고 도우면서 일한다.	마음이 따뜻하다. 봉사적이다.	정서적으로 잘 나누는 분야 남을 위해 봉사하는 분야	간호사, 사회복지사, 상담가, 성직자, 교육분야
3 성공 유능	문제해결을 잘하고, 유능하며, 경쟁에 매우 강하다. 자신을 자랑하는 경향이 있다.	자기관리가 철저하다. 기회주의적이다.	목표대비 결과를 달성하는 일	영업, 보험회사, 대중강연, 경영, 방송
4 독특 특별	평범한 것을 싫어하며, 예술적인 것을 추구한다.	독특하다. 감정기복이 있다. 예술감각이 있다.	예술 능력이 필요한 분야	미술가, 음악가, 디자이너, 건축가, 작가, 작곡가
5 통찰 관찰	집중력이 강하며, 개발하는 것을 좋아한다. 호기심이 많고 분석하는 일에 강하다.	박식하다. 말이 없고, 재미없다. 집중력이 뛰어나다.	깊이 탐구하고 연구하는 분야	연구원, 박사, 도서관사서, 재무회계, 비평가
6 안전 신뢰	매사에 신중하며, 준비성이 크다 의심이 많고 부정적이다.	성실하다. 신뢰가 간다. 의심이 많다	안전이 보장된 분야	교사, 세무사, 공무원
7 재미 열정	재미있는 일을 찾고, 아이디어가 많다 낙천적이다.	재미있다. 산만하다. 바쁘다	변화가 많은 분야 아이디어가 많이 필요한 일	개그맨, 기획자, 영업, 플래너
8 힘 용기	힘으로 하려는 경향이 크며 리더의 성향이 크다. 용기가 있다.	강하다. 거칠다. 독단적이다.	전체를 이끌고 통솔하는 일	감독, 노조지도자, 정치인, 체육인, 군인, 경찰
9 평화 조화	평화를 좋아하며 갈등을 싫어한다. 느긋하며 게으르다.	착하다 둔하다 주장이 없다.	조직의 중재역할을 하는 일	인권운동가, 공무원, 협상가, 성직자, 사회복지사

✏️ [나의 에니어그램 유형과 특징은]

상위 유형	특징	관련 직업
1.		
2.		

💬 나의 행동 특성을 알 수 있는 DISC.

✔ D.I.S.C란?

1920년에 Willian Moulton Marston이 " Emotions of normal people" 사람들의 감정과 행동 상태 연구를 연구하면서 행동이 환경에 어떻게 상호 작용하는가에 따라 4가지 행동 모형 만든 것이 토대가 되었다. 1972년에 Jan geier 박사가 오늘날 사용하고있는 자가 진단할 수 있는 도구를 제작하여 확산되었다.

✔ 4가지 행동 유형

Dominance 주도형 + Influence 사교형 + Steadinss 안정형 + Conscientiousness 분석형

우리는 DISC를 통해 자신의 행동을 객관적으로 이해하고, 사람들 간의 차이를 이해할 수 있다. 또한 다른 사람과 효과적으로 상호 작용할 수 있다.

∨ [Activity] DISC 진단

📝 DISC 행동유형

Dominuance 주도형
- 자존심 강한
- 압력시: 참을성 적은
- 두려움: 남에게 이용당함
- 구체적 결과로 동기부여
- 변화, 도전 욕구
- 직선적 대답요구

Influence 사교형
- 감성적 낙관적
- 압력시: 비체계적인 경향
- 두려움: 사회적 인전 상실
- 사회적 인정으로 동기부여
- 우호적 환경이나 관계 원함
- 우선순위, 납기 관리 필요

Steadinss 안정형
- 높은 기준과 완벽주의
- 압력시: 민감한 반응
- 두려움: 업무수행결과에 대한 비판
- 올바르게 일처리하므로 동기부여
- 정확하고 논리적 접근방식 원함
- 설득하기 위해 자세한 정보, 많은 설명 필요

Conscientiousness 분석형
- 감성적, 낙관적
- 압력시: 비체계적인 경향
- 두려움: 사회적 인정 상실
- 사회적 인정으로 동기부여
- 우호적 환경이나 관계 원함
- 우선순위, 납기 관리 필요

∨ DISC 행동유형별 장점

주도형(D)	사교형(I)	안전형(S)	신중형(C)
도전	설득력	인내심	양심적인
독립심	낙천적	겸손한	세심한
고집있는	자발적	협조적	분석적
결과성취	열정적	경청하는	객관적인
근면한	융통성	안정적인	호기심
주도적	격려하는	여유있는	정확한
자신감	유머감각	유순한	자제심 있는
결단력	감정풍부	일관성	위험요인예측
모험심	풍부한 상상력	원만한 대인관계	직관력
책임감	폭넓은 대인관계	수용적	기준 높은 호기심

∨ DISC 행동유형별 제한점

주도형(D)	사교형(I)	안전형(S)	신중형(C)
고집이 센	말이 많은	양보하는	질문이 많은
타인배려 부족한	충동적인	이용당하는	비사교적인
참을성이 적은	비체계적인	변화에 더딘	비판적인
무모한	치밀하지 못한	수동적	감정표현 무딘
거친	비현실적인	우유부단한	시간이 걸리는

▼ DISC 행동유형별 제한점

구분	줄여할 점	늘려야할 점
D	자신이 원하는 상황으로 사람과 조건등을 통제하려는 행동	인내, 수용, 개방적인 태도, 경청하는 태도
I	타인으로 부터 인정 받은 욕구	경청하는 태도, 사실과 데이터에 대한 관심, 준비, 조직화
S	새로운 기회, 아이디어에 대한 전념, 갈등회피, 위험회피	직설적인 의견피력 변화에 대한 개방성, 빠른 적용
C	완벽주의, 자신과 타인에 대한 비판	문제해결의 유연성, 타인의 관점수용 공감적 태도

🖎 [나의 DISC 유형과 특징은]

상위 유형	특징
1.	
2.	

key4. 나는 무엇에 관심있는가? (흥미 찾기)

내가 평생 할 일을 선택하는데 있어서 또 하나의 중요한 것은 흥미이다. 흥미란 어떤 활동을 할 때 마음 속에서 우러나는 즐거움을 말한다.

흥미를 찾을 수 있는 방법 중 하나인 홀랜드(Holland) 검사는 미국의 진로 심리학자 John L.Holland에 의해서 만들어졌다.

4가지의 기본 전제가 있다.

- 직업선택은 성격의 표현이다.
- 같은 직업에 종사하는 사람들의 성격은 유사하다.

- 같은 직업에 종사하는 사람들의 대인관계나 사고방식 및 여가생활 등은 비슷하다.
- 세상의 직업과 사람들의 성격은 6가지로 나눈다. (개인과 환경을 6가지로 개념화)

✏️ **홀랜드 흥미 간편 검사지**

흥미 유형 - 1	흥미 유형 - 2	흥미 유형 - 3
좋아하는 것에 √표	**좋아하는 것에 √표**	**좋아하는 것에 √표**
▶ 강건한 · · · · · · · ( )	▶ 비판적인 · · · · · · ( )	▶ 창의적인 · · · · · · ( )
▶ 순응하는 · · · · · · ( )	▶ 호기심 많은 · · · · ( )	▶ 비우호적인 · · · · ( )
▶ 물질주의적인 · · · ( )	▶ 창의적인 · · · · · · ( )	▶ 정서적인 · · · · · · ( )
▶ 완고한 · · · · · · · ( )	▶ 독립적인 · · · · · · ( )	▶ 표현적인 · · · · · · ( )
▶ 실제적인 · · · · · · ( )	▶ 지적인 · · · · · · · ( )	▶ 비현실적인 · · · · ( )
▶ 현실적인 · · · · · · ( )	▶ 논리적인 · · · · · · ( )	▶ 독립적인 · · · · · · ( )
▶ 엄격한 · · · · · · · ( )	▶ 수학적인 · · · · · · ( )	▶ 혁신적인 · · · · · · ( )
▶ 안정적인 · · · · · · ( )	▶ 방법적인 · · · · · · ( )	▶ 통찰력있는 · · · · ( )
▶ 무뚝뚝한 · · · · · · ( )	▶ 합리적인 · · · · · · ( )	▶ 자유분방한 · · · · ( )
▶ 검소한 · · · · · · · ( )	▶ 과학적인 · · · · · · ( )	▶ 예민한 · · · · · · · ( )
· 손이나 도구를 사용하여 일하기 · · · · · · · · · ( ) · 물건을 수선하거나 만드는 일 · · · · · · · · · · · ( ) · 공구나 기계를 다루는 기술 · · · · · · · · · · · · ( )	· 수학/물리학/생물학/사회과학 같은 학문 연구 · · · · ( ) · 추상적 문제풀기/분석적 사고 · · · · · · · · · · · ( ) · 복잡한 원리나 방법이해 · · · · · · · · · · · · · ( )	· 자신 표현하기 · · · · · ( ) · 창의적인 작가/음악가/연극 · · · · · · · · · · · · ( ) · 미술/문학/음악/희곡 작품 창작 · · · · · · · · · · ( )
√표한 개수 = ( )	**√표한 개수 = ( )**	**√표한 개수 = ( )**
흥미 유형 - 4	**흥미 유형 - 5**	**흥미 유형 - 6**
좋아하는 것에 √표	**좋아하는 것에 √표**	**좋아하는 것에 √표**
▶ 수용적인 · · · · · · ( )	▶ 야망있는 · · · · · · ( )	▶ 조직화된 · · · · · · ( )
▶ 배려하는 · · · · · · ( )	▶ 분명한 · · · · · · · ( )	▶ 책임질 수 있는 · · ( )
▶ 공감적인 · · · · · · ( )	▶ 자기주장적인 · · · ( )	▶ 효율적인 · · · · · · ( )
▶ 우호적인 · · · · · · ( )	▶ 확신하는 · · · · · · ( )	▶ 질서정연한 · · · · ( )
▶ 도움을 주는 · · · · ( )	▶ 결정을 잘하는 · · · ( )	▶ 순응하는 · · · · · · ( )
▶ 친절한 · · · · · · · ( )	▶ 지배적인 · · · · · · ( )	▶ 실제적인 · · · · · · ( )
▶ 설득력있는 · · · · ( )	▶ 열성적인 · · · · · · ( )	▶ 정확한 · · · · · · · ( )
▶ 책임질 수 있는 · · ( )	▶ 영향력있는 · · · · ( )	▶ 체계적인 · · · · · · ( )
▶ 가르치는 · · · · · · ( )	▶ 설득적인 · · · · · · ( )	▶ 보수적인 · · · · · · ( )
▶ 이해하는 · · · · · · ( )	▶ 생산적인 · · · · · · ( )	▶ 잘 통제된 · · · · · ( )
· 다른 사람과 협력하여 일하기 ( ) · 다른 사람과 복지에 대한 관심 · · · · · · · · · · · ( ) · 사람의 교육하고 치료하는 일 ( )	· 개인과 조직을 위한 일, 타인을 지도/통제/설득하는 일 · · · ( ) · 권력/지위/성취를 위한 일 · ( ) · 야망/열정/판매/정치 관련 활동 · · · · · · · · · · · · · ( )	· 세부적이고 질서정연한 일 · · ( ) · 자료 정리, 정확히 구조화 된 일 · · · · · · · · · · · · · · ( ) · 자신에게 기대되는 것이 무엇인지, 정해진 일이 무엇인지 안다 · · ( )
√표한 개수 = ( )	**√표한 개수 = ( )**	**√표한 개수 = ( )**

✅ 나의 흥미 유형은?

	현실형(R)	탐구형(I)	예술형(A)	사회형(S)	진취형(E)	관습형(C)
나의 흥미코드: (　　　) 형						
√표 갯수						

✅ 흥미 유형 도표

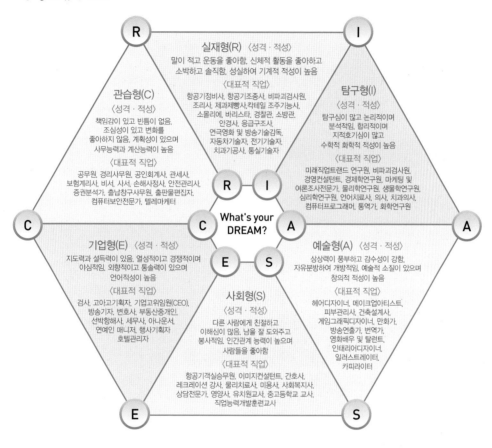

실재형(R) 〈성격 · 적성〉
말이 적고 운동을 좋아함, 신체적 활동을 좋아하고
소박하고 솔직함, 성실하여 기계적 적성이 높음
〈대표적 직업〉
항공기정비사, 항공기조종사, 비파괴검사원,
조리사, 제과제빵사,칵테일 조주기능사,
소믈리에, 바리스타, 경찰관, 소방관,
안경사, 응급구조사,
연극영화 및 방송기술감독,
자동차기술자, 전기기술자,
치과기공사, 통신기술자

탐구형(I) 〈성격 · 적성〉
탐구심이 많고 논리적이며
분석적임, 합리적이며
지적호기심이 많고
수학적 화학적 적성이 높음
〈대표적 직업〉
미래직업트랜드 연구원, 비파괴검사원,
경영컨설턴트, 경제학연구원, 마케팅 및
여론조사전문가, 물리학연구원, 생물학연구원,
심리학연구원, 언어치료사, 의사, 치과의사,
컴퓨터프로그래머, 통역가, 화학연구원

관습형(C) 〈성격 · 적성〉
책임감이 있고 빈틈이 없음,
조심성이 있고 변화를
좋아하지 않음, 계획성이 있으며
사무능력과 계산능력이 높음
〈대표적 직업〉
공무원, 경리사무원, 공인회계사, 관세사,
보험계리사, 비서, 사서, 손해사정사, 안전관리사,
증권분석가, 출납창구사무원, 출판물편집자,
컴퓨터보안전문가, 텔레마케터

What's your
DREAM?

기업형(E) 〈성격 · 적성〉
지도력과 설득력이 있음, 열성적이고 경쟁적이며
야심적임, 외향적이고 통솔력이 있으며
언어적성이 높음
〈대표적 직업〉
검사, 고아고기획자, 기업고위임원(CEO),
방송기자, 변호사, 부동산중개인,
선박항해사, 세무사, 아나운서,
연예인 매니저, 행사기획자
호텔관리자

사회형(S) 〈성격 · 적성〉
다른 사람에게 친절하고
이해심이 많음, 남을 잘 도와주고
봉사적임, 인간관계 능력이 높으며
사람들을 좋아함
〈대표적 직업〉
항공기객실승무원, 이미지컨설턴트, 간호사,
레크레이션 강사, 물리치료사, 미용사, 사회복지사,
상담전문가, 영양사, 유치원교사, 중고등학교 교사,
직업능력개발훈련교사

예술형(A) 〈성격 · 적성〉
상상력이 풍부하고 감수성이 강함,
자유분방하여 개방적임, 예술적 소질이 있으며
창의적 적성이 높음
〈대표적 직업〉
헤어디자이너, 메이크업아티스트,
피부관리사, 건축설계사,
게임그래픽디자이너, 만화가,
방송연출가, 번역가,
영화배우 및 탈런트,
인테리어디자이너,
일러스트레이터,
카피라이터

흥미유형(RIASEC)별 직업적 특성 찾아보기

❶ 현장형/Realistic = 실제형

흥미 특성	• 기계적 소질이 있는 반면 사교능력이 부족하고, 물질 지향적/구체적/실용적이며 기능성과 예측 가능성을 선호한다.
직업 활동	• 명확한 결과를 산출하는 일 • 고치기, 만들기, 수리하기 등 • 무거운 장비나 큰 기계를 작동하고 설계하는 일 • 섬세한 운동신경, 손재주를 요하는 일, 도구를 사용하는 일 • 정밀한 기계를 작동하는 일(구멍 뚫는 압착기, X레이 촬영기 등)
잠재적 능력	• 기계적 재능과 연구 • 도구와 기계를 사용한 문제 해결 능력 • 정신 운동성 기술/신체적 힘 • 야외 작업이나 모험적 활동 시 침착성
환 경	• 소규모 지역공동체 • 격식 없는 복장이 허용되는 상황 • 타인과 최소한의 교류가 필요한 상황 • 위계적 조직(군대, 집행부, 경호회사 등) • 유형 상품 제조, 건설업, 광산/에너지 산업, 운송업, 공학/기술 회사
취 미	• 옥외스포츠, 차, 비행기, 배에 관한 책/잡지 읽기 • 낡은 물건 수리하기, 만들기, 다시 만들기, 탈 것 작동하기 • 사냥, 낚시, 캠핑, 암벽등반, 신체 모험활동(스카이다이빙, 등산, 자동차 경주 등)
직 업	• 자동차정비사/정원사/용지관리인/배관공/경찰/목축업자/전기기술자/공학자 등

❷ 탐구형/Investigative

흥미 특성	• 사람보다 아이디어를 중시하고, 높고 추상적 지능의 소유자이며, 사회적 관계에는 관심이 적다.
직업 활동	• 독립적인 일, 조사 분석 업무, 자료수집과 조직하는 일 • 사고를 통한 문제를 해결하는 일 • 과학적 실험적인 일 • 애매하거나 추상적인 과제를 수행하는 일
잠재적 능력	• 과학적 능력 • 분석적 수학적 능력 • 작문 능력 • 어렵고 추상적인 무제를 해결하는 인내심
환 경	• 대학, 조사/기획 연구소 • 의료 기관 • 컴퓨터 관련 연구소 • 과학 재단이나 연구소 • 일 유형에서 자유를 허용하는 구조화되지 않은 조직
취 미	• 천문학/체스/새 관찰/독서/컴퓨터 프로그램 • 일에 열중하기(여가/가족/사회활동을 위해서는 시간을 적게 쓴다) • 많은 사색과 세부사항/원리학습이 요구되는 복잡한 활동(스키/항해/스쿠버다이빙 등)
직 업	• 교수/의사/심리학자/약사/화학자/지압사/수의사/호흡치료사/과학교사/의료공학자 등

❸ 예술형/Artistic

흥미 특성	• 창의성을 지향하며 아이디어와 재로를 사용하여 새로운 방식으로 표현하는 작업을 한다.
직업 활동	• 작곡/작문/연기/공연 등 • 예술 창작 • 독립적으로 일하기 • 악기연주/장식/설계 등
잠재적 능력	• 창조력 상상력 • 말 언어적 기술/연기술 • 음악적 재능 • 예술적 재능
자아개념/ 가치관	• 독립적이고 낭만적이며 자유롭다. • 충동적이고 표현적이다. • 예민하고 감정적이다. • 직관적이고 복잡하다. • 아름다움과 미학적 본질에 이끌린다. • 관습을 따르지 않고 독립적이다.
취 미	• 데생/스케치/회화/악기연주/춤추기 • 춤/음악 콘서트 참석/극장/박물관/화랑 가기 • 독서/글쓰기/예술품 수집
직 업	• 순수예술가/응용미술가/리포터/변호사/사서/음악가/미술교사/광고전문가/방송인/전문저술가/ 영어교사/건축사/사진작가

❹ 사회형/Social.

흥미 특성	• 다른 사람과 협력하여 일하는 것을 좋아하고, 다른 사람의 복지와 교육에 관심을 갖고 있다.
직업 활동	• 가르치기/설명하기/계몽하기/안내하기 • 돕기/촉진하기 • 정보 제공하기/ 계획하기 • 문제해결/논의 주도 등
잠재적 능력	• 청취기술 • 구술/교수 기술 • 다른 사람을 이해하고 공감하는 능력 • 사회 대인 관계에서의 수완
환 경	• 사회봉사 기관 • 의료부서와 보건 기관 • 정신 건강 클리닉 • 인력자원부 • 종교조직/학교
취 미	• 다른 사람 즐겁게 하기/집회에 참석하기 • 자원봉사/사회적 행사 기획하기 • 예술적/현실적 활동 (피 고용자일 경우 극도로 피곤한 경향을 보임. R/A 형 활동 특징인 고독도 필요하다)
직 업	• 어린이보육자/초등학교교사/상담가/가정경제교사/공원책임자/체육교사/인사담당자/사회교사/ 간호사/농산물중개인/물리치료사

❺ 진취형(기업형)/Enterprising

흥미 특성	• 기업가적 기질이 강하고, 특정 목표의 달성을 위해 남을 통제하고 지배하는 데 관심이 있다.
직업 활동	• 판매/구입 업무/고객접대 하기 • 정치적 모의 활동/연설하기/회담하기/발표하기 • 위원회/단체/조직/회사 이끌기 • 사람/사업 관리하기
잠재적 능력	• 연설/설득/판매를 위한 언어구사 능력 • 사회/대인관계 능력/리더 십 • 쾌활/강력한 행동력/낙관주의 • 이윤추구나 조직/목표에 집중하는 능력
환 경	• 기금 조성 기구/자영업 • 정부/정치조직/제조회사 등 • 도소매 회사(자동차 판매회사/백화점/부동산 회사 등) • 재정과 권력 있는 자리(법인회사/행정기관/증권 중개사 등)
취 미	• 정치적 활동/집회 참석하기 • 클럽이나 조직에 들어가기 • 유쾌하고 사교적인 것 스포츠 행사에 참여하거나 관람하기
직 업	• 생활설계사/마케팅간부/여행사직원/부동산중개사/판매책임자/항공기승무원/구매인/ 농업관리인/치위생사/상점지배인/경매업자/식당지배인/원예업자 등

❻ 사무형/Conventional

흥미 특성	• 잘 짜여진 계획으로 일하고 세밀하고 꼼꼼하며, 일에 능숙하고 정확하며 수리적 과제를 잘 해 낸다.
직업 활동	• 재정분석 수행/사무기계 작동 • 사무진행 과정 조직하기 • 기록/재정장부 정리/사업보고서 작성 • 차트와 그래프 만들기
잠재적 능력	• 효율성 제고능력/조직 능력 • 시스템/자료관리 능력 • 수학적 기술/사무기계 작동 • 섬세한 업무 처리능력/완벽주의
환 경	• 대규모 번인회사 • 진취적 사무실 • 금융업(은행/사무실) • 회계회사/통제 감사 업무 • 통제와 위계질서를 따르도록 만들어진 조직
취 미	• 우표/동전 수집/집안 개선 프로젝트 • 모형 만들기(비행기/인형집/전기작동차 등) • 시민적 우애적 조직/규칙이 확실한 게임
직 업	• 부기사/은행가/의료기록인/공인회계사/상업교사/사무직원/신용관리사/식품서비스경영인/ 판매업자/가정관리사/행정비서/보험계리사/법정서기 등

즐거운 것 vs 즐겁지 않은 것

[흥미를 통한 나의 선호 직업]

	내가 선호하는 직업	직업 5가지 선택
Holland 검사지		
직업선호도검사 (www.work.go.kr)		

구분	관련 분야	흥미 및 관심 활동
취미	• 나만의 취미, 관심사 • 순수한 의도의 동호회 (온 · 오프라인 모두)	
독서/ 공부	• 가장 최근에 읽은 책 3권의 제목 (개인적 관심으로) • 즐겨보는 잡지/신문 기사 • 자주 가는 인터넷 사이트와 • 찾는 정보 (까페, 블로그, SNS)	
지속적 관심	• 꼭 해보고/배우고 싶었던 것 • 이 세상에 있으면 좋겠다고 생각한 것	

우리 마을 그리기

KEY 5. 타고난 나의 재능을 찾는다.

"재능이 없다고 말하는 사람들은 대부분 별로 시도해 본 일이 없는 사람들이다."
– 앤드류 매튜스 –

우리는 대부분 "난 재능이 없는 것 같아." "뭘 잘하는지 모르겠어."라고 말한다. 없는 것이 아닌, 아직 경험해보지 못해 발견하지 못했을 뿐이다.

만약 20세기가 낳은 천재 화가인 피카소가 그림을 그려보지 못했다면 어땠을까? 그는 그의 천부적인 재능을 알지 못하고 다른 일을 했을지도 모른다.

나의 재능을 발견하기 위해서는 많은 경험이 필요하다.

우리는 일단 20년 이상을 살았기 때문에 모든 경험을 무조건적으로 다 해 볼 시간과 여력은 없다. 새로운 경험을 할 수 있으면 하되, 이미 경험들로부터 재능을 재 발견 할 수 있다.

재능(talent, gift, ability, genius)이란?

어떤 일을 하는데 필요한 재주와 능력을 말한다. 선천적으로 타고난 능력으로 잘 할 수 있는 가능성을 내포하고 있다. 따라서 타고난 능력에 훈련에 의하여 획득된 능력도 포함하여 말한다.

재능은 단지 머리로만 고민해서 얻을 수 있는 것이 아니다. 고민보다는 몸으로 부딪혔을 때 내가 그 일 또는 분야에 재능이 있는지 없는지 알 수 있는 것이다.

무엇인가를 잘 할 수 있는 가능성이다.
타고난 선천적인 능력이다.
사람마다 재능은 모두 다르다.
재능을 활용하는 일을 하면 즐겁다.

– 위대한 나의 발견, 강점 혁명. 마커스 버킹엄, 도널드 클리프턴 –

재능 카드 키워드 고르기

✔ 51가지의 재능 키워드

사람들 만나기	변화에 적응하기	실행에 옮기기	멘토링하기	어려운 일에 도전하기	미적(美的)으로 표현하기
글쓰기	기획하기	모니터링하기	시험,평가하기	개념화 하기	판매하기
분류하기	협상하기	가능성 찾기	기록 관리하기	설계하기	교정 및 편집하기
경영 · 관리하기	기계 다루기	의사소통하기	이미지로 표현하기	행사 진행하기	전략 수립하기
조사하기	융합하기	숫자 다루기	정보 탐색용 인터뷰하기	관찰하기	분석하기
팀워크 · 협동 작업하기	즉흥적으로 대처하기	연결고리 역할 수행하기	공감하기	학습하기	여러 가지 일 동시처리하기
동기유발 시키기	사람들을 즐겁게 하기	직관적으로 인식하기	응용하기	코칭하기	중재 · 조정하기
혁신하기	가르치기	정보 탐색을 위한 읽기	변화 주도하기	아이디어 구상하기	손으로 만들기
온라인 정보 조사	모호성에 대처하기	문제해결하기			

내용과 관련된 경험(일 + 생활)을 떠올리며 어린시절, 학생시절, 취미, 봉사 등 모든 활동현재 숙련 수준은 일단 무시!, 느낌에만 집중!!! 최소 7개 이상 선택

나의 재능으로 나만의 Story 작성하기

재능	경험(가능한 많이)	느낌	더 해보고 싶은 활동

📝 재능을 활용할 때의 느낌

"즐겁다"
"시간이 금방 지나간다."
"무엇인가를 해냈다는 성취감을 느꼈다."

🔍 직업정보검색

한국직업정보시스템 BEST	>
한국직업전망	>
한국직업사전	>
직업탐방	>

-테마별 직업여행

-눈길끄는 이색직업

대상별 추천직업 NEW	>
미래를 함께할 새로운 직업	>
우리들의 직업만들기 (창직)	>
워크넷이 만난 사람들	>
카드로 보는 직업정보 NEW	>

Activity

워크넷(www.work.go.kr) ➜ 직업정보 ➜ 테마별 직업 여행, 눈길끄는 이색 직업, 미래를 함께 할 새로운 직업, 우리들의 직업만들기(창직)등에서 흥미있는 새로운 직업 10가지 이상 선택한다.

새로운 직업 목록	직업별 특징 요약	나의 재능 7가지와 관련성	직업 5가지 선택

key6. 관심 직업을 찾는다.

프레디저를 통한 직업조사

흥미를 활용한 직업을 찾는 방법 중 하나에 프레디저가 있다. 프레디저란, 흥미와 강점으로 찾는 심리 적성 검사이다. 「참조. 프레디저 진로 설계」

우리는 이미 Holland를 통해 흥미진단을 했으므로, 여기에서는 사물/사람/자료/사고 중 어디에 흥미가 있는지와 그것을 통해 할 수 있는 다양한 직업을 알아보겠다.

❶ 내가 관심,흥미,강점 등 있는 것을 모두 동그라미로 표시한다. 동그라미가 가장 많이 나온 특징 (사물/사람/자료/사고)이 어디인지 확인한다.

사물(Things)	사람(People)
조립(14), 유지/보수(15), 도구이용(16), 관리/경작(17), 수집(18), 운동/작동(19), 제작(20), 운송/수송(21), 구매/구입(22), 물류/이동/체인관리(23), 현장관리(24), 건축/건설(25), 과학기술/실험(26)	고객응대/서비스(27), 공동작업(28), 판매/영업(29), 교제/네트워킹(30), 조율/조화(31), 통솔/지지(32), 상담/코칭(33), 팀원/격려(34), 훈력/육성(35), 교육(36), 사회복지/봉사(37), 협상(38), 마찰해결/협의/중재(39)

자료(Data)	사고(Idea)
회계(01), 예산책정(02), 판독/조사/감사(03), 편집(04), 분류/정리(05), 분석(06), 요약/통계(07),검토(08), 단서수집/탐색(09), 기록(10), 설계/도안(11), 연구(12), 판정(13)	변론/변호(40), 설명/해석/통역(41), 글쓰기(42), 유추(43), 문제해결(44), 개념화(45), 홍보/마케팅(46), 프리젠테이션(47), 전략개발(48), 개혁/개척(49), 관계/결합/창의(50), 아이디어포착(51), 발명(52)

❷ 아래 표에서 동그라미 친 단어 목록에서 관련 직업들을 확인 한 후 관심있는 직업을 아래 칸에 작성한다.

01 계산하기/회계	02 돈(예산)관리하기/예산측정
수학자, 수학교사, 외환딜러, 통계학자, 금융업자, 회계사, 세무사, 통계전문가, 빅데이터관련 종사자, 컴퓨터 알고리즘 관련 종사자, 기업체 재무 회계 전문가, 리서치 전문가, 여론조사 기획가, 환율전문가, 은행원 보험 및 금융관련 종사자	재산관리사, 금융자산 운용가, 기업가치평가 전문가, 코스트 컨트롤러, 공인재무분석사, 외환딜러, 펀드매니저, 신용리스크 전문가, 국가외환전문가, 기업체 재무관리부서, 투자분석가, 재보험 설계사, 계리인, 은행가, 환율전문가, 회계사, 보험 계리사

03 구분하기/판독, 조사, 감사

고고학자, 와인 감별사, 보석감정사, 농산물 품질 관리사, 국가 간 무역점검 계통, 미술품 감정사, 감리 전문가, 기업체 감찰 부서원, 특허 전문가, 상표권 관련 전문가, 법의학자, 의학 연구원, 진단 계통 의사, 동물 생태학자, 국제조류기구근무자, 색채 전문가, 플로리스트, 판정관, 지질학자

04 편집하기/편집

출판편집자, 영화편집자 비디오 저널리스, 패션 에디터, 북디자이너, 다큐멘터리 제작자, 내셔널 지오그래픽 편집자, 사진 기획가, 사진사, 사진편집자, 자동차, 디자이너, 영화감독

05 정리하기, 분류하기/분류, 정리

분류학자(식물분류학자, 동물분류학자, 곤충분류학자 등), 학예사, 의무기록사, 조난본부컨트롤타워, IT컨설턴트, 정리컨설턴트, 작업 판정관, 공장자동화 컨설턴트, 구조조정 전문가, 도시개발전문가, 도심 재국축 사업관련업 종사자, 교통체계 전문가, 물류디자이너, 프랜차이즈유통재널 구축 전문가, 컴퓨터 알고리즘 엔지니어, 사서, 기록물 전문가

06 분석하기/분석

경영분석가, 범죄심리 분석가, 스포츠 기록 분석 연구원, 투자 분석가, 심리 분석가, 경영 컨설턴트 기술가치 평가서, 사회조사 분석사, 시장, 여론조사 전문가, 애널리스트, 온라인 무역 전문가, 환경 영향 평가사, 전자상거래 관리사, 몰 마스터, 진단의학 계통 종사자, 신종 질환 치료의사, 빅데이터 분석가, 약사

07 간추리기/요약, 통계

기자, CRM 전문가, 프로듀서, 작가, 문제해결 전문 컨설턴트, 간호사, 뉴스클리퍼, 테크니컬 라이터, 임상병리사, 영화제작사, 로봇 심리전문가, 빅데이터 정리 전문가, 브리핑 전문가, 프레젠테이션 전문가, 와인 평가사, M&A 컨설턴트, 노무사, 변리사, 데이터 사이언티스트, 사무 전문가

08 검토하기/검토

고객관리 시스템 전문가, 공무원, 컴퓨터 보안 전문가, 원고 교정자, 검사, 시스템엔지니어, 비파괴 검사원, 저작권 관리사, 베타데이터 전문가, 투자 전문가, 국제자원 전문가, 석유공학 전문가, 석탄 및 채집 관련 전문가, 석유시추 생산성 체크관련 업종 전문가, 투자 심사원, 금융감독원 관련 계통 종사자, 기업 심사평가원, 기업 신용도 체크 전문가, 유망 기업 투자 유치 전문가, 부동산 컨설턴트, 국제기구 종사원(자원개발), 교정 전문가, 원고 교정가

09 단서모으기, 탐색하기/단서수집, 탐색

과학수사연구원, 고고학자, 생물인류학, 암호전문가, 탐정, 변호사, 경찰관, 화재감식 전문가, 프로파일리, 탐험기, 도로교통 사고 감정가, 프로파일러, 탐험가, 도로교통 사고 감정사, 디지털포랜 식수사관, 안전 전문가, 취재 기자, 스토리 작가

10 관찰 기록하기/기록

생물학 연구자, 동물학자, 의무기록사, 해양 생물학자, 측량사, 대기환경 기술자, 스크럽터, 스포츠 기록 분석 연구원, 식물학자, 곤충학자, 유전공학자, 역사학자, 사회복지 계통 종사자, 기자, 카메라 기자, 사진작가, 반도체 테스트 전문가, 자동차 안전검사 전문가, 연구관련 계통 종사자, 화학 공학자, 요리 평론가, 여행 전문가, 여행 전문 작가

11 확인하기/설계, 도안

장학사, 환경기사, 법의관, 지문감식가, 여러분야의 검사원(우유, 식품품질, 사료 등) 검안사, 정보 시스템 보안전문가, 관세사, 공항검역관, 아동 전문가, 감정사, 보석관련 계통 종사자, 재활의학 전문가, 조달청 전문가, 유통 전문가, 품질관리기사, 안전관리 전문가, 기술사, 국제 표준기구 종사자, 품질관리원 근무자, 소비자 보호원 관련 종사자

12 연구하기/연구

화학자, 생물학자, 수학자, 물리학자, 생명공학자, 인공위성 개발원, 통신망 설계 운영 기술자 조향사, 대체에너지 개발 연구자, 주파수 엔지니어, 반도체공학 기술자, 해양수산 기술자, 대체의학 연구원, 연구 계통 의사, 이학자, 원자력공학자, 법의학자, 법학 전공자, 판사, 검사, 변리사, 특허 관련 전문가, 신기술 개발자

13 심사하기/판정

입학사정관, 판사, 건강보험 심사평가원, 검사, 감리사, 기술사, 금융감독원 종사자, 투자 관리사, 금융업 종사자 투자 및 대출 관련 심사 전문가, 손해사정사, 국가 운영 등급 관리사, 오디션 전문가, 감별사, 스포츠 심판

26 실험하기/과학기술, 실험

과학기술자, 기계기술 연구원, 미생물학자, 항공우주공학자, 유전과학자, 신약개발 전문가, 로봇공학 전문가, 로켓공학자, 우주공학자, 연구원, 컴퓨터 공학자, 금송공학자, 기계 공학자, 화학공학자, 의사

39 화해시키기/마찰해결, 합의, 중재

상담가, 가사조사산, 국제마찰 해결 관련 종사자, 변호사, 법관, 노조관련 종사자, 노무사 및 노무관련 종사자, 갈등해결 컨설턴트, 정치인, 지역사회 전문가, 국제 협상가, 기업체 구매팀 근무자, 외교관, 부부치료 상담사, 소비자분쟁위원, 전자거래분쟁위원

52 발명하기/발명

발명가, 과학자, 예술가, 케릭터 디자이너

14 조립하기/조립

자동차 지립원, 가구 조립원, 항공기, 선박 조립원, 레고 디자이너, 컴퓨터 조립원, 무대세트 디자이너, 자동차공학 기술자, 로봇공학자, 발명가, 테마파크 전문가, 3D 관련 기획자, 기계공학 전문가, 조선공학 전문가, 항공공학 전문가, 자동차 장치 기획가, 공장자동화 전문가, OEM 컨설턴트

15 수리하기/유지, 보수

문화재 수리 기능사, 피아노 조율사, 의료장비기사, 각종 엔지니어, 기계수리 전문가, 로봇 공학자, 로봇설계전문가, 산업공학자, 방위산업 전문가, 사회복지사, 재활의학 전문가, 정형외과 전문가, 외과 의사, 흉부학 전문가, 기능성 가구 전문가, 조각가, 로켓공학자, 농업학자, 수의사

16 도구이용하기/도구이용

마술사, 요리사, 기계설비사, 공예가, 무선통신 기술사, 측량기능사, 지적 기능사, GIS 전문가, GPS 전문가, 특수용접 전문가, 수술 전문 집도의, 흉부외과의사, 설비 전문가, 공연 무대 세팅 전문가, 특수효과 전문가, 각종 연구 단체 엔지니어, 특허 관련 심사원

17 재배하기/관리, 경작

원예사, 분재 재배 관리자, 수목의 식물원 직원, 산림청 직원, 정원사 식물학자, 약초 연구가, 꽃 재배 농부, 토양환경 기술사, 토피어리 디자이너

18 수집하기/수집

정보검색사, 학예연구원, 사서, 수집가, 박물관장, 보석감정사, 명품 전문가, 명품 디자이너, 시계 디자이너, 고미술 전문가, 경매사, 미술품 관련 업계 종사자, 주방기구, 제작사업가, 전자제품 기획자

19 작동하기/운용, 작동

운전기사(버스, 택시 등), 중장비기사, 사업용 로봇 전문가, 도선사, 자동차 관련 엔지니어, 폐기물 관련 산업기사, 음향 전문가, 카레이서, 우주인, IT 전문가, 건축 전문가, 구조원 선장, 재난 구조사, 비행기 조종사, 크레인 및 호이스트 운전원, 지게차 등의 대형기계 운전원, 기계 공학자, 전파 공학자, 열차 기관사, KTX기관사, 공군 비행사, 잠수함 조종사

20 만들기/제작

로봇 공학자, 공예가, 기계설계자, 가구 제작가, 파티쉐, 메카트로닉 공학 기술자, 로봇설계자, 쇼콜라티에, 브루 마스터, 컨버터 소재 디자이너, 줄기세포 관련 전문가, 생체 세포 연구가, 유전 공학자, 정형외과 의사, 재활의 학과 의사, 건강보조기 관련업 종사자, 조율사, 자동차 공학 전문가, 인공 신체 관련 전문가, 사물인터넷 전문가, 조향사

21 나르기, 운송하기/운송, 수송

화물운송 종사자, 물류 전문가, 머천다이저, 유통 전문가, 대형 체인 설계자, 프랜차이즈 전문가, 무역 관련 계통 종사자, 사업가, 해운업 종사자, 항공 산업종사자, 크레인 기사, 건축학 종사자, 유통 채널 전문가, 교통안전 전문가, 교통 체제 전문가, 도시공학자, 접안시설 전문가, 아웃소실 전문가

22 재료 구매하기/구매, 구입

유통경영자, 구매자재 사무원, 도소매업자, 건설재료 연구원, 구매바이어, 상ㅂ가, 유통 채널 전문가, 머천다이저, 쇼핑호스트, 홈쇼핑 채널 전문가, 아동소비자 공학과, 소비자 보호원 관련 근무자, 대기업 구매 관련 근무자, 국제 무역 전문가, 가구 관련 종사자(목재구입), 국제 자원 개발학자, 국제 자원 관련 종사자, 원유 가공관련 종사자

23 이동하기/물류, 이동, 체인관리

여행가, 물류 전문가, 작가, 자원발굴 전문가, 유통 채널 구축 전문가, 항공 산업 종사자, 탐험가, 여행 설계자, 카페리 관련업 종사자, 선장, 파일럿, 무선통신 전문가, 전파 공학자, 촬영 기사, 캐스팅 헌터, 해류 전문가, 지도 관련 업무 종사자, 지도 제작자, 국제 식량 관련 업계 종사자(델, 델몬트, 선키스트 등), 사업가, 자동차 테스터, 사진사

24 현장관리

건설자재 시험원, 공무원(건설관련직), 토목 기술자, 머천다이저, 사설관리원 감리사, 항공교통 관제사, 건설공사 품질관리원, 현장감독, 사업가, 측량기사, 건축기사, 토목기사, 도시공학 전문가, 운동선수, 소방관

25 건축하기/건축, 건설

건축가, 토목공학자, 도시개발 전문가, 신도시 개발 전문가, 건축 설계기사, 모델러, 레고 디자이너, 환경공학자

27 손님 모시기/고객응대, 서비스

여행가이드, 파티플래너, 국제회의 기획업무, 국제회의 운영, 통역가, 전문비서, 서비스 컨설턴트, CS강사, 유텔 인터내셔널, 호텔 GRO, 호텔리어, 호텔경영, 리조트 운영, 와이너리 운영, 여행기획가, 마술사, 연예인, 창업컨설턴트, 기타 서비스업 종사자, 기업체 의전 담당직원, CRM 전문가

28 함께 일하기/공동작업

수도자, 소방관 코디네이터, 응급구조사, 운동선수, 스태프, 공연무대기획가, 영화제작 전문가, 연극기획 전문가, 지역 축제 기획가, 인적 네트워킹 전문가, SNS 마케터, HR 컨설턴트, 인력관리 전문가, CRM 전문가

29 판매하기/판매,영업

세일즈 전문가, 외제차 딜러, 브랜드 매니저, 부동산 중개인, 마케터, 영업 전문가, 해외영업 전문가, 영업 관련 컨설턴트, 영업 채널 전문가, 전문 딜러, 로비스트, 전문 중개인, 영업 대리인, 사업가, 무역업종 종사자

30 친구사귀기/교제, 네트워킹

레크레이션 지도사, 성직자, 연예인, 정치인, 판매원, 커플매니저, 로비스트, 영업관련 전문직, 사업가, 외교관, 기업체 인사팀, 공연기획가, 파티 플래너

31 도움주기/조율, 조화

국회위원, 지방의회 의원, 공무원, 국회의원 보좌관, 호스피스 전문 간호사, 특수학교 교사, 경로도우미, 실버산업 전문가, 장례지도사, 컨시어지, 베이비시터, 아동지도사, 사회복지사, 국제단체 근무자(유네스코, 해비타트 등), 구세군, 국제구호활동가

32 이끌기/통솔, 지지

정치인, CEO, 감독, 교사, 언어치료사, 헬스케어 전문가, 생활체육 지도사, 아트 매니지먼트, 다이어트 프로그래머, 스피치 지도사, 운동경기 감독, 재활의학 전문가, 컨설턴트, 유엔 사무총장, 국제단체장, NGO 근무자

33 상담하기/상담, 코칭

심리상담사, 집단상담 전문가, 판매 전문가, 영업관련 종사자, 청소년 상담사, 미술심리치료사, 음악치료사, 직업상담사, 사회사업가, 학습지도사, 실버사업전문가, 정신과의사, 임상심리 전문가, 사이코드라마 전문가, 동물 심리치료 전문가, 학원장, 프랜차이즈 전문가

34 격려하기/팀웍, 격려

성직자, 조직심리전문가, 스포츠멘탈코치, 비애치료사, 학교사회사업가, 재활 의학 전문가, 전문 상담사, 트레이너, 학교 선생님, 유치원 선생님, 치어리더, 사회사업가, 강사, 강연가 전문 코치, 정치가, 재난 지역 관리 전문가, 선장, 관제 관련 업무 종사자, 스튜디어스

35 훈련시키기/훈련, 육성

감독, 코치, 브레인 트레이너, 점역사, 무슬감독, 군인, IT 교육강사, 스포츠 트레이너, 조교, CS 강사, 기업체 교육 전문가, 기업체 인사담당자, 조난 구조 전문가, 선장, 도로교통 안전협회 관련 종사자, 동물 트레이너, 맹인견 트레이너, 동물원 및 관련 업계 종사자, 소방관, 산업안전 관련 종사자

36 가르치기/교육

대학교수, 교사, 유치원교사, 보육교사, 기업체 교육 담당자, 인사담당자, IT 퍼실리테이터, 산업교육강사, 한자기억법 지도사, 학원장, 학원관련 산업 종사자, 진로진학 상담교사, 교수법 연구자

37 충고, 조언하기/사회복지, 봉사

직업상담사, 라이프 코치, 경영지도사, 학습 매니저, 창업 컨설턴트, 이미지 컨설턴트, 재정 상담사, 모델에이전시, 비즈니스 코치, HR 컨설턴트, 상담가, 사회학자, 교수, 소비자 심리 전문가, 교정 전문가, 식이요법 전문가, 정신과의사, 심리학자, 변호사, 프랜차이즈 전문가, 재무 컨설턴트, 미래학자

38 협상하기/협상

외교관, 로비스트, CEO, M&A 전문가, 스포츠 마케터, 웹이전시 전문가, 외교관, 구매 전문가, 기업체 구매부 근무, 심리학자, 사회 심리학자, 유통 전문가, 머천다이저, 국제기구 협상 관련 전문가

40 의견주장하기/변론, 변호

변호사, 검사, 교수, 노무사, 판사, 변리사, 컨설턴트, 기자, 언론관련 근무자, 저널리스트

41 설명하기/설명, 해석, 통역

스포츠 해설가, 도슨트, 문화관광 해설사, 쇼호스트, 교수, 아나운서, 성우, MC, 연예인, 작가, 만화가, 스토리텔러, 기업체 홍보 담당자, 정치인, 게임자키

42 글짓기/글쓰기

방송작가, 소설가, 시인, 극작가, 자유기고가, 만화콘티 작가, 변역가, 연출가, 정치전문 라이터, 시인, 철학가, 르포작가, 매뉴얼 제작 전문가, 기업체 홍보 담당직원, 북마스터, 평론가, 신문기자, 잡지사 기자, 다큐멘터리 작가, 스토리 텔러

43 짐작하기/유추

국제금융 전문가, 국제투자 전문가, 미래학자, 천문학자, 시나리오 작가, 정책 수립 전문가, 인구통계학자, 사회학자, 정책보좌 전문가, 교육기획가, 기업체 기획부서 근무자, 교통체계 수립 전문가, 철학가, 사회조사 분석사, 주식관련 전문가, 투자금 유치 전문가, 펀드전문가, 환경 영향평가 연구원, 기상관측가, 천체 물리학자

44 문제 해결하기/문제해결

형사, 탐정, 경찰관, 정치인, 과학수사관, 범죄 심리학자, 국제 조사관, 소비자 전문 상담사, 멘사 두외게임, 지도사, 산업안전기사

45 의미찾기/개념화

시인, 칼럼리스트, 철학자, 심리학자, 평론가, 극작가, 미술치료사, 영화평론가

46 홍보하기, 알리기/홍보, 마케팅

홍보 전문가, 선거 운동원, CF 제작사, 마케팅 컨설턴트, 기업체 마케팅 부서 담당자, 언론인, 신문기자, 방송인, 판매 전문가, 아나운서, 기업체 의전 담당자, 기업체 홍보 담당자, 언론 특보, 기상통보관, 정당 대변인, 북마케터, 스포츠 해설자, 리포터

47 발표하기/프리젠테이션

캐스터, 교사, 기업체 수주 담당자, 전문 강사, 마케터, 통역가, 아나운서, 동시통역사

48 전략짜기/전략개발

직업 군인, 스포츠 감독, 프로게이머, 상품기획자, 브랜드 매니저, 컨벤션 기획사 운영, 마케팅 전문가, 게임 디자이너, 이벤트 기획자, 공연 프로듀서, PR 전문가, 연회 전문가, 영화 기획자, 샵마스터, 여행상품 기획자, 기업체 기획부서 근무자, 글로벌 판매 관련 전문가, 도시개발 전문가

49 다르게 보기/개혁, 개척

화가, 작가, 과학자, 광고 디자이너, 사회운동가, 사회사업가, 사업가, 경영 코치, 미래학자, IT 컨설턴트, 첨단제품 디자이너, 창의력 사고 지도사, 사물인터넷 전문가, 혁신 컨설턴트, 트리즈 전문가, 기업체 기획부서 종사자

50 생각 결합하기/관계, 결합, 창의

디자이너, 융합콘텐츠 디렉터, 퓨전 음악가, 파티시에, 병원코디네이터, 미디어 산업 종사자, 사물인터넷 전문가, 빅데이터 산업 관련 종사자, 소셜미디어 관리 전문가, 특허청 근무, 발명가, 프로그래머, 건축가

51 아이디어 내기/아이디어 포착

장난감 전문가, 광고 기획자, 이벤트 연출가, 발명가, 네이미스트, 테마파크 디자이너, 보험 상품 기획자, 자동차 디자이너, 게임 설계 전문가, 광고 디자이너, 마케팅 전문가, 카피라이터, 크리에이티브 디렉터

「참조: 프레디저 진로설계」

프레디저를 통한 적합한 직업

		내가 선호하는 직업	직업 5가지 선택
사물 사람 자료 사고			

∨ 홀랜드+ 프레디저 + 새로운 직업 => 나의 직업 TOP 5

홀랜드를 통한 직업5가지 선택	프레디저를 통한 직업 5가지 선택	재능을 통한 직업 5가지 선택	최종 나의 직업 TOP 5
			1. 2. 3. 4. 5.

TOP5 중 3개의 직업에 대해 구체적으로 조사해본다.

* 한국직업정보시스템(http://know.work.go.kr) 직업정보에서 검색

직업명 1	
직업 개요 및 특성	
준비 방법	
요구되는 적성, 흥미	
관련 학과(전공)	
경제적 대우(보수)	
취업 현황	
이 직업의 현재와 10년 후 전망	

직업명 2	
직업 개요 및 특성	
준비 방법	
요구되는 적성, 흥미	
관련 학과(전공)	
경제적 대우(보수)	
취업 현황	
이 직업의 현재와 10년 후 전망	

직업명 3	
직업 개요 및 특성	
준비 방법	
요구되는 적성, 흥미	
관련 학과(전공)	
경제적 대우(보수)	
취업 현황	
이 직업의 현재와 10년 후 전망	

key 7. 흔들리지 않는 나의 뿌리을 구축한다.

두려움은 기억되고 학습되는 것일 뿐이다.

• 나는 어떻게 반응하는가?

• 스트레스 받았을 때, 화났을 때, 슬플 때 다 짜증난다고 말하지 않는가?

• 감정의 종류는 수 십가지의 감정. 그러나 느끼는 것은 몇 개인가?

• 자주느끼는 감정은 무엇인가??

• 내가 자주 느끼는 긍정적, 부정적 감정은 무엇인가?

오늘 어떤 일이 있었는가? 하루를 돌아봤을 때 기억나는 사건이나 상황이 있다면 떠올려보자. 그 일을 떠올렸을 때 그것과 관계된 사람, 상황, 장소들에 대한 기분은 어떠한가? 긍정적이거나 부정적일 것이다. 세부적으로 느낀 감정은 무엇인가?

어떤 감정인가? _____. 이번에는 지난 일주일동안 느꼈던 감정을 떠올려보고,

　느껴진 감정을 10가지 이상 적어보자. 적어놓은 감정에서 긍정적인 감정에는 동그라미 표시를 부정적인 감정에는 네모표시를 해보자. 동그라미 표시가 많을수록 지난 일주일은 행복하고 즐거웠을것이고, 네모 표시가 더 많다면 지난 일주일은 힘들고 지쳤을 것이다. 지난 일주일이 유난히 행복한 일이 많았거나, 힘들었던 일이 많았다고 할 수 도 있겠지만, 내가 표시한 감정들은 내가 평소에 주로 느끼는 감정일 확률이 높다. 내가 느끼는 감정에 따라서 나의 기분이 달라지고, 그 기분은 마음에 반영되어 행동으로까지 이어진다. 감정자체에는 좋고 나쁨이 없다. 오직 경험만이 있을 뿐이다.

감정은 무엇인가?/감정의 특징, 종류

　우리는 아침에 일어나서 집으로 돌아와 잠자리에 들때까지 여러 가지 감정을 느낀다. 심지어는 밤에 자면서 꿈을 꾸면서까지 감정을 느끼기도 한다. 그렇다면 대체 감정은 무엇일까? 감정이 무엇이길래 우리를 힘들게도하고 또 행복하게도 만드는걸까?

감정

感　情: 어떤 현상이나 일에 대하여 일어나는 마음이나 느끼는 기분
어　근: movere = to move (움직이다)
접두사: e　= out (밖으로)
　　　　emovere = to move out, shake (밖으로 움직이다, 흔들다)
　　　　Emotion = internal excitement(내적흥분)
　　　　status of feeling (느끼는 상태)

　감정의 종류는 다양하고, 기본 감정의 수는 학자에 따라 다르게 정한다. 플러칙은 인간의 기본 감정을 공포, 분노, 기쁨, 슬픔, 수용, 혐오, 기대, 놀람등 8개로 분류하고, 이러한 기본감정들은 서로 혼합되어 또 다른 감정을 계속 만들어 낸다고 한다. 감정은 성격이나 가치관처럼 일관성이 있는 것이 아니라, 때와 장소, 상황에 따라 계속 변한다. 그리고, 그 감정은 자신의 행동에 영향을 미치고, 다른 사람의 감정이나 행동에까지도 영향을 미친다.

📝 감정의 종류

기쁨, 슬픔,우울함,침울함,상큼함,개운함,찝찝함,느끼함,초조함,불안함,애틋함,그리움,허탈감, 허무함,답답함,막막함,감동,분노,울컥함,차분함,침착함,냉정함,시큰둥함,서글픔,서러움,따뜻함,열정,끔찍함,무서움,착잡함,욱함,긴장함,기대감,실망감,절망하는,비통함,치욕스러움,씁쓸함,섭섭함,쌉싸름함,끔찍함,넌저리남,귀찮음,혐오스러움,미움,즐거움,고통스러움,짜증남,신경질남,애매함,불쌍함,부러움,따분함,참을 수 없음,싫음,미묘함,피곤함,들뜸,신남,싱숭생숭함,얼떨떨함,민망함,부끄러움,처절함,시기하는,약오르는,충동적인,덤덤함,놀라움,존경스러움,사랑함,경이로움,흥미로움,재미없음,예리함

💬 그 감정을 떠올렸을 때, 내 마음 상태는 어떠한가?

✔ 내 감정에 귀 기울이자.

나의 감정, 나의 기분이 어떤지에 대해서는 누구보다도 내가 잘 알아야한다. 많은 사람들이 자신이 어떤 기분을 느끼는지 잘 모를뿐 아니라, 부정적인 감정은 나쁘다라는 생각으로 회피해버린다. '지금 기분이 어떠니' 라고 물었을 때, 자신의 기분을 귀찮다, 짜증난다라고 대답하고, 그 감정에서 나오려고 하지 않는다. 지금 내가 어떤 감정을 느끼는지 귀 기울여봐야한다. 내가 어떤 상태인지를 아는 것이 나에 대해 관심을 갖는 시작점이다.

✔ 내 감정을 표현하고, 감정을 다스리자.

긍정적인 감정 상태일때는 긍정적인 표정이나 말과 행동이 나오고, 부정적인 감정 상태일때는 부정적인 표정이나 말과 행동이 나오는 것이 일반적이다. 내가 느끼는 감정을 감정 그대로 상대방에게 표출하면, 상대에게 안좋은 영향을 끼치거나, 나를 오해할 수도 있어서 섣불리 표현하기 어렵다. 그렇기때문에 내 감정을 표현한다는 것은 내 감정을 있는 그대로 드러내는 것을 의미하는 것이아니다. 자신이 어떤 감정인지를 알고, 긍정적인 감정이든 부정적인 감정이든 괜찮으니 자신의 다양한 감정을 인정하고, 수용하는 것이다.

감정을 잘 관리하는 사람이 성공할 확률이 높고, 자신이 이뤄낸 것을 유지하고 지켜낼 수 있다.

∨ 자신만의 부정적 감정을 다루는 방법을 가지고 있는가?

확신 confidence과 차분함calmness 과 함께 다음의 행동 패턴들은 긍정적 그리고 부정적 감정을 다루는데 도움이 된다

📝 **감정 전환하기**

1) 감정들이 이름을 붙이고 그것들을 존중한다.
　"내가 지금 기분이 나쁘구나. 마음이 불편하구나." 생기는 어떤 감정도 인정한다.
2) 부정적 감정 또한 인정한다.
　- 인식 : 몸의 어느 부위에서 감정이 느껴지는지 확인한다.
3) 깊게 호흡한다.
　- 감정이 느껴지는 몸의 부위에 집중하고, 깊게 호흡한다.
4) 원하는 감정상태를 정한다.
　- 지금의 감정상태 말고 원하는 감정에 이름을 붙이고, 그 감정을 느끼기위해 지금 할 수 있는 것을 한다.

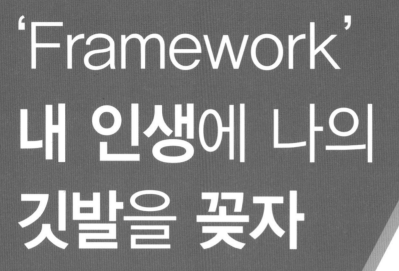

'Framework'
내 인생에 나의
깃발을 꽂자

Contents

Chapter
04

'Framework'
내 인생에 나의 깃발을 꽂자

1. DO IT! 저질러봐 리스트 50 만들기.

"세상은 능력의 50%를 쏟아 붓는 사람들에게 경의를 표하고,
100%를 투여하는 극히 드문 사람들에게는 고개를 숙인다."

– 앤드류 카네기 –

📝 꿈 Dream

꿈은 우리의 인생 여행의 북극성과 같다.. 우리가 어디로 가야 할지 길을 안내해준다.

왜 꿈을 가져야하는가?
꿈은 내게 어디로 가야 할지를 보여주며, 꿈은 현실을 견딜 수 있는 힘을 주며, 꿈은 나를 능력자로 변신시킨다.

R = VD (Realization Vivid Dream)
1. 꿈을 크고 담대하게 가져라.
2. 꿈을 시각화 하라.
3. 꿈을 구체화 하라.

코이의 법칙

코이는 잉어 과에 속하는 관상어 중 하나인데, 자신이 살고있는 환경에 따라 최대한 클 수 있는 크기가 다르다. 코이 물고기를 작은 어항에다 기르면 최대 8cm밖에 자라지 않으나, 커다란 수족관이나 연못에서 자랄경우에는 최대 15cm까지 자란다. 하지만, 이 코이 물고기를 강물에 방류하면 최대 120cm까지 자란다. 즉, 같은 물고기인데도 좁은 환경에서 자라면 피라미가 되고, 강물에 방류하면 대어가 된다는 신기한 물고기이다. 이것을 두고 '코이의 법칙'이라고 한다.

존 고다드의 꿈의 목록

존 고다드는 열 다섯살때 자신의 어머니와 이모가 하는 얘기를 엿들었습니다. 그 때 어머니와 이모께서는 "이것을 그때 했더라면.."이라고 말씀하시면서 후회하시고 계셨습니다. 그 "했더라면"을 들은 고다드는 책상에 앉아 자신이 평생 하고 싶은 일들을 노란 수첩에 적기 시작했습니다. 결국 그는 127가지의 하고 싶은 일들을 적었습니다. 그가 쓴 목표들은 큰 꿈들도 있었지만 '플룻과 바이올린 연주' 1분에 50자 타자하기'등 사소한 꿈들도 있었습니다.

마침내 1972년 그는 47세의 나이에 127가지의 목표를 달성하였고, 15살에 적은 목표들로 끝나는 것이 아니라 끊임없이 목표를 계속 써나가기 시작했습니다. 그렇게 그는 지금 이 순간까지도 그의 새로운 목표들을 이루어 나가고 있습니다.

존고다드 인터뷰 중, "나는 끊임없이 자신의 한계에 대해 도전하고 싶었습니다. 독수리처럼 말입니다." "127개 항목을 모두 다 이루려고 고민하지 않았습니다. 중요한 것은 내가 그렇게 살고 싶다는 것입니다."〈존 고다드의 127가지 꿈〉참조. http://www.johngoddard.info/

1944년 미국의 로스엔젤레스, 어느 비 내리는 오후입니다. 열다섯 살의 한 소년이 자기 집 식탁에 앉아 있었습니다. 옆에서는 할머니께서 숙모와 차를 마시면서, 이야기를 나누고 있었습니다. 할머니는 숙모에게 "이것을 내가 젊었을 때 했더라면..."이라는 이야기를 나눌 때, 소년은 문득 깨달았습니다. '나는 커서 무엇을 했더라면... 이라는 후회는 하지 말아야지'라고 생각했습니다. 소년은 연필과 노란종이를 꺼내, 맨 위에 '나의 꿈의 목록'이라고 쓰고, 자신이 평생에 하고 싶은 것, 가고 싶은 곳, 배우고 싶은 것을 하나씩 기록해 보았습니다.

조금만 노력하면 할 수 있는 것들과 불가능 해 보이는 것들까지도 그는 개의치 않고 기록하였습니다. 드디어 장장 127개의 목록을 작성하였습니다.

소년은 그 목록을 항상 갖고 다니면서, 시간이 날 때마다 그 목록을 보았습니다. 그 꿈을 이루는 모습을 상상하면서.....

다음은 그의 꿈의 목록입니다. (★ 표시된 것은 그가 이룬 것을 표시해 놓은 것입니다.)

▣ 탐험할 장소

001. 이집트의 나일강 (세계에서 제일 긴 강) ★

002. 남미의 아마존강 (세계에서 제일 큰 강) ★

003. 아프리카 중부의 콩고강 ★

004. 미국 서부의 콜로라도강 ★

005. 중국 양자강

006. 서아프리카 니제르강

007. 베네수엘라의 오니노코강

008. 니카라과의 리오코코강 ★

▣ 원시문화 답사

009. 중앙아프리카의 콩고 ★

010. 뉴기니 섬 ★

011. 브라질 ★

012. 인도네시아 보르네오 섬 ★

013. 북아프리카 수단(존 고다드는 이곳에서 모래 폭풍을 만나 산 채로 매장당할 뻔했음) ★

014. 호주 원주민들의 문화 ★

015. 아프리카 케냐 ★

016. 필리핀 ★

017. 탕가니카(현재의 탄자니아) ★

018. 에티오피아 ★

019. 서아프리카 나이지리아 ★

020. 알래스카 ★

▣ 등반할 산

021. 에베레스트 산 (세계최고봉 8848M)

022. 아르헨티나의 아콘카과 산 (남미 최고봉 6690M)

023. 매킨리 봉 (북미 최고봉 6194M)

024. 페루의 후아스카란 봉

025. 킬리만자로 산 (아프리카 최고봉 5895M) ★

026. 터키의 아라라트 산 (노아의 방주가 닿은 산이라고 알려진 산) ★

027. 케냐 산 ★

028. 뉴질랜드의 쿠크 산

029. 멕시코의 포포카테페틀 산 ★

030. 마터호른 산 (유럽에서 가장 험한 산) ★

031. 라이너 산 ★

032. 일본의 후지 산 ★

033. 베수비오스 산 (이탈리아 나폴리 만 동쪽의 활화산) ★

034. 자바 섬의 브로모 산 ★

035. 그랜드 테튼 산 ★

036. 캘리포니아의 볼디 마운틴 ★

■ 배워야 할 것들

037. 의료 활동과 탐험 분야에서 많은 경력을 쌓을 것

     (현재까지 원시 부족들 사이에 전해져 오는 다양한 치료 요법과 약품을 배웠음) ★

038. 나바호족과 호피족 인디언에 대해 배울 것

039. 비행기 조종술 배우기 ★

040. 로즈 퍼레이드 (캘리포니아에서 해마다 5월에 열리는 장미 축제 행렬)에서 말타기 ★

■ 사진촬영

041. 브라질 이과수 폭포 ★

042. 로데시아의 빅토리아 폭포

     (이 과정에서 존 고다드는 아프리카 흑멧돼지에게 쫓기기도 했음) ★

043. 뉴질랜드의 서덜랜드 폭포 ★

044. 미국 서부 요세미티 폭포 ★

045. 나이아가라 폭포 ★

046. 마르코 폴로와 알렉산더 대왕의 원정길 되짚어 가기 ★

■ 수중탐험

047. 미국 남부 플로리다의 산호 암초 지대 ★

048. 호주의 그레이트 배리어 대암초 지대 (이 곳에서 존은 135㎏의 대합조개 촬영에 성공했음) ★

049. 홍해 ★

050. 피지 군도 ★

051. 바하마 군도 ★

052. 오케페노키 늪지대와 에버글레이즈 (플로리다 주 남부 습지대)탐험 ★

◉ 여행할 장소

053. 북극과 남극 ★

054. 중국 만리장성 ★

055. 파나마 운하와 수에즈 운하 ★

056. 이스터 섬 (거석문명의 섬) ★

057. 바티칸 시 (이때 존 고다드는 교황을 만났음) ★

058. 갈라파고스 군도 (태평양상의 적도 바로 아래의 화산섬) ★

059. 인도의 타지마할 묘 ★

060. 피사의 사탑 ★

061. 프랑스의 에펠탑 ★

062. 블루 그로토 ★

063. 런던 탑 ★

064. 호주의 아이어 암벽 등반 ★

065. 멕시코 치렌이차의 성스런 우물 ★

066. 요르단 강을 따라 갈릴리 해에서 사해로 건너가기

◉ 수영해 볼 장소

067. 중미의 니카라과 호수 ★

068. 빅토리아 호수 ★

069. 슈피리어 호수 ★

070. 탕카니카 호수 ★

071. 남미의 티티카카 호수 ★

◉ 해낼 일

072. 독수리 스카우트 단원 되기 ★

073. 잠수함 타기 ★

074. 항공모함에서 비행기를 조종해서 이착륙하기 ★

075. 전 세계의 모든 국가들을 한 번씩 방문할 것 (현재 30개 나라가 남았음) ★

076. 소형 비행선, 열기구, 글라이더 타기 ★

077. 코끼리, 낙타, 타조, 야생말 타기 ★

078. 4.5㎏의 바닷가재와 25㎝의 전복 채취하기 ★

079. 스킨 다이빙으로 12미터 해저로 내려가서 2분 30초 동안 호흡을 참고 있기 ★

080. 1분에 50자 타자하기 ★

081. 플루트와 바이올린 연주 ★

082. 낙하산타고 뛰어 내리기 ★

083. 스키와 수상 스키 배우기 ★

084. 복음 전도 사업 참여 ★

085. 탐험가 존 뮤어의 탐험길을 따라 여행할 것 ★

086. 원시 부족의 의약품을 공부해 유용한 것을 가져오기 ★

087. 코끼리, 사자, 코뿔소, 케이프 버팔로, 고래를 촬영할 것 ★

088. 검도 배우기 ★

089. 동양의 지압술 배우기 ★

090. 대학교에서 강의하기 ★

091. 해저 세계 탐험하기 ★

092. 타잔 영화에 출연하기 (이것은 이제 시대에 뒤떨어진 소년 시절의 꿈이 되었다)

093. 말, 침팬지, 치타, 오셀롯, 코요테를 키워 볼 것 (아직 침팬지와 치타가 남았음) ★

094. 발리 섬의 장례 의식 참관 ★

095. 아마추어 햄 무선국의 회원이 될 것 ★

096. 자기 소유의 천체 망원경 세우기 ★

097. 저서 한 권 갖기 (나일 강 여행에 관한 책을 출판했음) ★

098. 내셔널 지오그래픽지에 기사 싣기 ★

099. 몸무게 80㎏ 유지 (현재까지 잘 유지하고 있음) ★

100. 윗몸일으키기 200회, 턱걸이 20회 유지 ★

101. 프랑스어, 스페인어, 그리고 아랍어를 배울 것 ★

102. 코모도 섬에 가서 날아다니는 도마뱀의 생태를 연구할 것

103. 높이뛰기 1m 50cm ★

104. 멀리뛰기 4m 50cm ★

105. 1마일을 5분에 주파하기 ★

106. 덴마크에 있는 소렌슨 외할아버지의 출생지 방문 ★

107. 영국에 있는 고다드 할아버지의 출생지 방문 ★

108. 선원 자격으로 화물선에 승선할 것 ★

109. 브리태니커 백과사전 전권 읽기 (현재까지 각 권의 대부분을 읽었음)

110. 성경을 앞장에서 뒷장까지 통독하기 ★

111. 셰익스피어, 플라톤, 아리스토텔레스, 찰스 디킨슨, 헨리 데이빗 소로우, 에드가 알렌포우, 루소, 베이컨, 헤밍웨이, 마크 트웨인, 버로우즈, 조셉 콘라드, 탈메이지, 톨스토이, 롱펠로우, 존 키이츠, 휘트먼, 에머슨 등의 작품 읽기 (각 사람의 전작은 아니라도) ★

112. 바하, 베토벤, 드뷔시, 이베르, 멘델스존, 랄로, 림스키코르사코프, 레스피기, 리스트, 라흐마니노프, 스트라빈스키, 토흐, 차이코프스키, 베르디의 음악 작품들과 친숙해지기 ★

113. 비행기, 오토바이, 트랙터, 윈드서핑, 권총, 엽총, 카누, 현미경, 축구, 농구, 활쏘기, 부메랑 등을 다루는 데 있어서 우수한 실력을 갖출 것 ★

114. 음악 작곡 ★

115. 피아노로 베토벤의 월광곡 연주 ★

116. 불 위로 걷는 것 구경하기 (발리 섬과 남미의 수리남에서 구경했음) ★

117. 독사에게서 독 빼내기
(실제로 이 과정에서 사진을 찍다가 마름모무늬가 있는 뱀에게 물렸음) ★

118. 영화 스튜디오 구경 ★

119. 폴로 경기하는 법 배우기 ★

120. 22구경 권총으로 성냥불 켜기 ★

121. 쿠푸 (기제의 대피라밋을 세운 이집트 제4왕조의 왕)의 피라밋 오르기 ★

122. 탐험가 클럽과 모험가 클럽의 회원으로 가입 ★

123. 걷거나 배를 타고 그랜드 캐넌 일주 ★

124. 배를 타고 지구를 일주할 것 (현재까지 네 차례의 일주를 마쳤음) ★

125. 달 여행 ("신의 뜻 이라면 언젠가는!")

126. 결혼해서 아이들을 가질 것 (존 고다드는 현재까지 다섯 명의 자녀를 두었음) ★

127. 21세기에 살아 볼 것 (그때가 되면 존 고다드는 일흔 다섯 살이 될 것이다) ★

그는 자신의 꿈의 목록을 가슴에 품고 다니면서 하나씩 가능한 것부터 정복해 나갔습니다. 그러나 그 가능한 것들도 좀처럼 쉽게 얻어지는 것은 아니었습니다. 1분에 50자 타이핑하기', '저서 한 권 갖기', 등은 주의를 기울여 신경을 써서 기회를 잡아야 했고, 어디서 어떻게 하면 이룰 수 있는지 정보도 찾아야 했습니다. 또 노력이 필요한 것들입니다. 하나씩 해냈을 때마다 그는 번호에 색칠을 하며 빙그레 웃으면서 성취감을 맛보았겠지요. 이렇게 하나 둘 이루어가면서 1972년에는 그 중 103가지를 완벽하게 실천했습니다. 이 사람의 이름은 존 고다드입니다.

존 고다드는 1972년 당시 가장 유명한 잡지사인 life지에 찾아가 그의 꿈의 목록을 제시하였습니다. life지는 그의 이야기를 기사화하여 실었는데, 그 기사를 싣고 잡지사 역사상 최고의 판매부수를 기록하였습니다. 당시 사람들은 life지를 산 것이 아니라 한 남자의 꿈과 그 꿈을 이루는 험난한 시간을 산 것이 아닌가 합니다.

그는 이렇게 말합니다.

"나는 틀에 박힌 생활을 하고 싶지 않았으며 끊임없이 자신의 한계에 대해 도전을 하고 싶었습니다. 독수리처럼 말입니다. 이런 경험들을 통해 나는 행동하는 인간의 보람과 삶의 가치를 느낍니다. 사람들은 흔히 위대한 용기와 힘과 인내를 발휘한다는 것이 무엇인지 모른 채 생을 마감하기도 합니다. 그러나 죽음이라는 극한 상황에서는 자신의 내부에 감춰진 엄청난 힘을 깨닫게 합니다. 중략 지금까지 살아온 당신의 인생을 돌아보십시오. 그리고 '만일 내가 1년을 더 산다면 무엇을 할 것인가'에 대해 생각해 보십시오. 우리 모두는 마음속에 각자가 하고 싶은 일들이 있습니다. 미루지 말고 즉각 해보십시오."

My Dream list (드림 리스트)

✍ 하고 싶은 것

1.

2.

3.

4.

5.

6.

7.

8.

9.

10.

📝 가고 싶은 곳

1.

2.

3.

4.

5.

6.

7.

8.

9.

10.

📝 갖고 싶은 것

1.

2.

3.

4.

5.

6.

7.

8.

9.

10.

📋 만나고 싶은 사람

1.

2.

3.

4.

5.

6.

7.

8.

9.

10.

꿈을 날짜와 함께 적어 놓으면 그것은 목표가 되고
A DREAM written down with a date becomes a GOAL

목표를 잘게 나누면 그것은 계획이 되며
A GOAL broken down becomes a PLAN

그 계획을 실행에 옮기면 꿈은 실현되는 것이다.
A PLAN backed by ACTION makes your dream come true.

- 그레그 레이드의 '10년 후' 중에서 -

✎ 나의 드림보드 만들기

할 껄 그랬어1. 제대로 놀껄 그랬어

　32세 직장 5년차 대리 진호씨는 대학 때 제대로 못 논 것이 한이 된다. 모두들 부러워하는 대기업에 다니며 능력도 인정받고, 얼마전 여자친구도 생겼지만, 요즘 인생이 너무도 재미가 없다. 원하던 곳에 취업하고, 가고싶던 부서에 입사했지만, 뭘 하고 살았나 모르겠다. 그래서 후배들에게 "학교다닐 때 실컷 놀아라"라고 이야기하며 다닌다.

　후배들은 진호씨말을 듣는지 안듣는지 '선배는 그 회사 다녀서 좋겠어요. 전 어떤 준비를 해야 들어갈 수 있을까요라며 볼멘소리를 한다. 대학때의 추억은 친구들과 과방에서 술마신 기억, 내기 당구, 시험기간에 도서관에서 밤샌 기억들 뿐이다.

　군대를 포함해 학교를 7년이나 다녔는데, 뭘 한걸까 모범생 코스를 밟아온 자신이 답답하고, 훌쩍 도망가버리고 싶은 마음은 출퇴근 길 지하철에서 극에 달한다.

∨ 제대로 놀기 프로젝트

　미친듯이 놀꺼리 찾기 top10 적기.

1.

2.

3.

4.

5.

6.

7.

8.

9.

10.

할껄 그랬어2. 더 넓은 세상에 나가 볼껄 그랬어.

29살 소영씨는 무역회사에 입사한지 2년이 되었다. 업무의 특성상 외국 바이어들을 많이 만나며 커리어우먼이 될줄 알았는데, 이게 웬일, 어려워진 회사 자금 탓에 입사한 후 아직도 외국에 나가 본 일이 없다. 이메일과 전화로도 충분하다는 것이다.

대학 3학년 겨울방학 때, 도저히 한국에서 영어 점수를 올리기는 힘들겠다는 생각이 들어 어렵게 부모님을 설득해서 캐나다로 어학 연수를 갔다.

아침 9시부터 오후 5시까지 영어 수업을 질리도록 듣고, 한국 친구들끼리 어울리기 싫어서 홈스테이로 와서 영어문법을 공부했다. 이렇게 하루종일 영어만 하는데, 3개월이면 귀가 뚫리겠지라고 생각했었는데, 3개월만에 얻은건 미치도록 그리워진 가족과 친구, 한국음식이었다.

길을 걷다가 한국말로 "저기요."라고 앞에 가는 사람을 부르면, 앞에 가는 사람이 100% 뒤 돌아본다는 말이 있을 정도인 캐나다에서 독하게 공부하고, 우여곡절 끝에 외국인 친구들도 몇몇 알게되었다.

한국 학생들이 한국말 쓰며, 벤쿠버, 토론토, 캘거리등 캐나다 투어 다닐 때, 한국에서 어학 연수비를 부쳐주시는 부모님을 생각하며, 향수병을 이겨내고 미친듯이 영어 익혀서 1년 뒤 한국와서 토익도 900점을 받았다.

4학년이 되어 목숨걸고 취업준비하다보니, 영어로는 자기소개와 면접 질문 준비하는게 다이다. 그리고, 들어온 무역회사. 다닌지 2년이나 됐는데도, 내 윗 사수 입사 5년차 대리도 외국에 나가본 적이 없단다.

친구들과 여름 휴가로 큰 맘먹고 3박 4일 일본여행 다녀온게 다라니. 일주일 이상 휴가 내기도 힘드니, 유럽여행은 단지 꿈일 뿐이다. 소영씨는 다시 대학에 다닌다면, 적어도 10개국은 가보고 싶다고 한다.

언어를 배우기위한 어학 연수가 아닌, 더 넓은 세상을 몸소 느끼는 경험연수를 말이다. 대학 다닐 때는 시간도 없고, 돈도 없는 것 같았는데, 회사 다니며 월급을 받는데도 마찬가지로 돈도 없고 시간은 더더욱 없다.

📝 **가보고 싶은 곳 국내**
　　ex) 전주 – 한옥마을 – 인증미션 남기기

1.
2.
3.
4.
5.
6.
7.
8.
9.
10.

📝 **가보고 싶은 곳 국외**
　　ex) 프랑스 파리 – 에펠탑 – 인증 미션 남기기 / 외국인과 사진 같이 찍기

1.
2.
3.
4.
5.
6.
7.
8.
9.
10.

한 달에 한 가지씩 새로운 경험하기, 무조건 경험하기

V 나의 드림리스트와 미친 듯이 놀거리 프로젝트에서 찾아서 넣어보자.

작은 것이어도 괜찮다. 계획은 수정되도 괜찮다. 내가 해보지 않았던 것을 새롭게 시도해보는 자체가 용기이고, 가능성이다. 내가 하기로 결정하고 실행한 새로운 행동은 또 다른 것을 해볼 수 있는 내 안의 디딤돌을 만들어 준다.

대학 때 꼭 할 일 Top 10 (드림리스트 40 + 제대로 놀기 프로젝트 10 中에서)

❶ 1학년

3월	4월	5월	6월	7월	8월
9월	10월	11월	12월	1월	2월

❷ 2학년

3월	4월	5월	6월	7월	8월
9월	10월	11월	12월	1월	2월

❸ 3학년

3월	4월	5월	6월	7월	8월
9월	10월	11월	12월	1월	2월

❹ 4학년

3월	4월	5월	6월	7월	8월
9월	10월	11월	12월	1월	2월

2. G.R.O.W.로 성장하라.

　우리는 어떤 것을 하고싶어할 때, 막연하게 될 것 같다. 안될 것 같다로 나누어 생각하고, 결과를 결정짓는다. 이때 결과를 결정짓는 중요한 요소는 어처구니 없게도 긍정적이냐 부정적이냐에 관련된 감정이다.

　감정에 치우치지 않고, 내가 원하는 결과를 얻기위해서는 객관적으로 바라보는 것이 필요한데, 그 중 가장 적절한 방법이 질문을 통해 자각하는 것이다. 자기 자신에게 셀프코칭(Self coaching)질문을 하면서, 생각만으로 떠오르는 것들을 구체화시키는 연습을 해보도록 하자. (감정의 비계를 잠시 떼어두자)

📧 G: Goal 목표

> **Q.** 경험해보고 싶은 계획이나 목표가 있다면 무엇입니까?
>
> **Q.** 좀 더 구체적으로 말해본다면?
>
> **Q.** 언제까지 성취되길 원하나요?
>
> **Q.** 이것이 성취되면 당신은 무엇이 좋습니까?
>
> **Q.** 이것이 이루어지는 것은 당신의 삶에 어떤 의미가 있습니까?

📧 Reality 현실점검 및 장애요인 발견

> **Q.** 성취를 위해 현재 취하고 있는 행동은 (만약, 없다면 취할 행동은?)
>
> **Q.** 현재 상황을 생각하면 어떤 기분이 드나요?

Q. 이 성취를 가로막는 장애물이 있다면?

Q. 장애물 중에 당신 스스로 만들고 있는게 있다면 무엇인가요?

Q. 이것의 결과에 대해 당신은 몇% 책임이 있다고 생각하난요?

Q. 이것에 대해 주위의 다른 사람들은 당신을 어떻게 보고 있나요?

Q. 이것에 대해 주위 다른 사람들의 견해는?

Q. 다시한번 현재 상황과 장애요인을 정리해 본다면 어떻게 정리해 볼 수 있을까요?

O: Option 해결 방안 모색 및 대안 선택

Q. 여러 장애물이 있음에도 불구하고 성취하기위해 할 수있는 방안은?

Q. 그 밖에 또 다른 방안이 있다면?

Q. 지금까지 한번도 생각해 보지 않은 방안을 생각해본다면?
  (이 성취에대해 긍정적인 의견을 가지고 있는 사람에게 물어보는 것도 좋은 방법이다.)

Q. 절대 실패하지 않는다면 무엇을 시도해 볼 수 있을까요?

Q. 이전에 이와 비슷했던 일 중에 성공적으로 성취해 낸 적이 있다면 무엇인가요?

Q. 그 경험은 당신의 삶에 어떤 변화를 가져왔습니까?

Q. 이 상황에서 성취를 위해 현재 지니고 있는 자원은 더 필요한 자원은?

Q. 이 상황에서 존경하는(전지전능한) 사람(존재) 가 있다면 어떤 조언을 할까요?

Q. 다시 한번 해결방안과 대안을 정리해 본다면 어떻게 정리할 수 있을까요?

W: Will 실행의지 및 후원환경

Q. 위의 해결방안 중 한 달 동안 집중적으로 실행한다면 무엇을 선택할 것인가요?

Q. 일주일안에 구체적으로 실행할 수 있는 것은 무엇인가요?

Q. 첫 번째로 어떤 행동을 하시겠습니까?

Q. 언제부터 시작하겠습니까?

Q. 실행을 하면 어떤 기분이 들겠습니까? 무엇이 떠오르나요? (이미지)

Q. 성공적 실행을 위해 절대로 하지 말아야 할 것이 있다면 무엇입니까?

Q. 성공적 실행을 위해 기꺼이 포기할 것이 있다면 무엇입니까?

Q. 성공적 실행을 위해 누가 점검을 해 줄 수 있습니까?

Q. 어떤 방식으로 점검해 줄 수 있겠습니까?

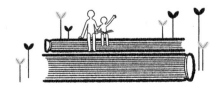

표로 만들기 (핵심 질문 – 핵심 답)

	질문	답
GOAL		
REALITY		
OPTION		
WILL		

Start 새롭게 인식된 것이나 유익함이 있었다면?

셀프코칭을 통해 실행 계획을 세운 당신이 어떻게 새롭게 보이나요? 새로운 모습의 당신이 성공적으로 목표를 성취하는 장면을 5분간 떠올리세요.

위의 내용은 성취를 위한 것에 초점 맞추었으나, 해결하고 싶은 이슈, 고민등도 G.R.O.W. 에 맞춰서 작성하다보면, 이슈와 고민이 구체적이고 명확해지면서 대부분 해결되는 과정을 경험할 것이다.

3. S.M.A.R.T. 기법으로 영리해져라.

인생에 뚜렷한 비전과 목표를 가진 학생들은 하루하루 열정적이고, 순간에 최선을 다한다. 지금 하고 있는 일은 자신이 목표로 삼은 것을 이루어나가는 과정이라는 것을 알고 있기 때문에, 어려워도 도전하고 실패해도 금세 일어난다. 목표를 이루기위해 무엇을 해야하는지 알고 있고, 확신에 차 있다. 이번 학기에는 어떤 과목들을 수강하면 좋은지 알아보고, 방학중에 경험하고 싶은 일을 하기위해 정보를 찾고, 하고있는 일들에 대한 중요도를 어느정도는 파악하는 눈을 가졌다. 방대하게 쏟아져나오는 정보들의 틈에서도 무엇이 중요하고 유용한지를 가려낼 수 있는 눈은 매의 눈처럼 날카롭게 된다. 차곡차곡 쌓은 이 연습들은 자신도 모르게 급속도로 발전하여, 1학년때에는 일반 학생들과 별다른 차이없어 보이지만, 졸업할 때 즈음엔 따라갈 수 없을 정도로 차이가 난다.

비전과 목표는 한 순간에 생기지 않는다. 하지만, 일단 비전과 목표를 세워본다는 것이 중요하다. 세워본 후에 자신이 추구하는 삶의 목적과 방향에 맞는 건인지를 확인해가며, 흔들리지 않는 자신만의 비전과 목표를 만날 수 있다. 때론 목표를 점검해 나가다보면, 이것이 나에게 맞는 것인지 눈에 보이기도 한다. 굳건한 비전과 목표는 의미있는 삶을 살아가는데 교통 표지판과 같은 역할을 한다.

꿈을 날짜와 함께 적어 놓으면 그것은 목표가 되고
A DREAM written down with a date becomes a GOAL

목표를 잘게 나누면 그것은 계획이 되며
A GOAL broken down becomes a PLAN

그 계획을 실행에 옮기면 꿈은 실현되는 것이다.
A PLAN backed by ACTION makes your dream come true.

- 그레그 레이드의 '10년 후' 중에서 -

문서화하지 않는 목표는 행동으로 옮겨지지 않는다

상류층	3%	문서화된 목표관리
중산층	10%	마음 속 화된 목표관리
서민층	60%	목표가 없다
빈민층	27%	

Paul Meyer, Dynamics of Personal Leadership, Leadership Management International Co.

목표란 무엇인가

어떤 목적을 이루려고 지향하는 실제적 대상으로 삼음. 또는 그 대상 도달해야 할 곳을 목적으로 삼음. 또는 목적으로 삼아 도달해야 할 곳 〈심리〉 행동을 취하여 이루려는 최후의 대상

구 분	항 목	내 용
시기별	단기목표	• 지금부터 1년 후 정도의 목표 • 일일, 주간, 월간, 분기, 반기 등 • 신념 강화가 장점
	장기목표	• 1년 이상의 오린 시간에 걸쳐 이뤄야 할 목표 • 수준 높은 선견지명, 비전, 이해력, 용기 등 필요 • 자신의 삶에 대한 궁극적인 큰 목표
형태별	유형의 목표	• 나의 감각을 통해 알 수 있는 목표
	무형의 목표	• 유형의 목표를 달성하기 위한 변화와 혁신

목표의 중요성

• 목표는 삶의 의미와 목적에 대한 인식을 부여한다.

• 목표는 방향감각을 부여하여 목표를 향해 나갈 수 있는 능력을 집중시켜 준다.

• 목표가 있으면 자기 스스로 삶의 변화를 결정하고 통제할 수 있다는 확신을 준다.

목표를 제대로 세웠는지 점검하기위해서는 S.M.A.R.T기법이 사용된다.

Specific (구체적인)	→ 정확히 무엇을 하려고 하는가?
Measureable (측정할 수 있는)	→ 목표달성 여부를 어떻게 판단 할 수 있는가?
Achievable (달성 가능한)	→ 해낼 수 있는 일인가?
Realistic (현실적인)	→ 현재의 상황에서 가능한 일인가?
Time-Bounded (시간이 정해진)	→ 언제까지 목표를 달성할 것인가?

목표를 달성하는 방법은 오직 실행이다!

목표 달성 12단계

- 1단계 : 강렬히 바라는 것은 무엇인가
- 2단계 : 확고한 믿음을 갖는다.
- 3단계 : 종이에 기록한다.
- 4단계 : 목표 달성 후 얻게 되는 성과를 모두 기록한다.
- 5단계 : 현재 나의 위치(현재 상태)를 분석한다.
- 6단계 : 목표 달성 기한을 정한다.
- 7단계 : 극복해야 할 장애물의 목록을 만든다.
- 8단계 : 목표 달성에 추가로 필요한 정보를 파악한다.
- 9단계 : 도움과 협력을 얻어야 할 사람들의 명단을 작성한다.
- 10단계 : 계획을 세운다.
- 11단계 : 그림을 그린다.
- 12단계 : 어떤 일이 있더라도 결코 포기하지 않겠다는 결심을 한다.

4. if 로, 꿈꿔라.

- Q 내 인생의 롤모델은?
- Q 롤모델이 중요하게 생각한 가치?
- Q 그것이 나에게 주는 의미는?
- Q 그것을 통해서 나는 어떤 행동을 하겠는가?

지금까지 내가 이룬 것의 모든 것은 남들이 해놓은 것을 베낀 것이다.
– 샘 월튼, 월마트 창업자 –

- **멘토**: 현명하고 신뢰할 수 있는 상담 상대, 지도자, 스승, 선생의 의미이다.
  시간을 할애해서 당신을 가르치고 지원하며 당신과 나눌 수 있는 사람이다.

- **롤모델**: 자기가 마땅히 해야 할 직책이나 임무등의 본보기나 모범이 되는 대상.

롤모델이 필요한 이유

진로를 확고히 정하고 명확한 꿈을 향해 나아갈 때에도 힘들고 어려운 일이 있을 수 있다. 그 때 마음이 흔들리거나 약해질 수 있다. 그 때 함께 손 잡고 헤쳐나가 줄 사람이 있다면 얼마나 좋을까? 하지만, 항상 매순간 그럴 수 있는 사람은 오직 자기 자신 뿐이다. 힘든 고비에서 잘 버틸 수 있도록 힘을 줄 수 있는 대상은 나에 대해서 잘 알고, 내가 어떻게 이겨나가야할지 잘 도와줄 수 있는 멘토이면 더 할 나위없이 좋겠지만, 멘토 또한 매순간 오직 나를 위해 존재할 수는 없다. 내안의 자원을 굳건히 튼튼하게 키워야한다. 내부의 자원이 부족할 때는 외부에서 자원을 끌어가지고 와서, 내 안의 내부 자원으로 만들어야한다. 내 인생의 가이드는 내가 가장 우선적이 되어야한다.

롤모델을 닮아간다.

어린시절 당신의 영웅은 누구였나요 그 사람을 닮기 위해서 어떤 노력을 했나요?

▼ 롤모델이 생각하는 가치/의미

내 주위 사람들, 유명인사들 중 어떤 작은 부분이라도 닮고 싶거나 존경하는 부분이 있는 사람들을 10명이상 적어본다. 해당 영역에 대해 그들은 어떤 가치를 가지고 있을 것 같은지 추측해본다. 그리고 나와 일치하거나 비슷한 부분은 무엇인지 확인해본다.

📝 모델링(Modeling)기법을 사용해라. 마치 ~인 것처럼

1. 존경하거나 닮고 싶은 사람들을 명수에 상관없이 적어보자.
2. 위에서 작성한 명단 중에, 자신이 생각하는 신념이나 가치관 또는 기질이 비슷한 사람을 한명 골라, 그 사람에 대하여 가능한 많은 것을 알아낸다.

   - 나의 롤모델 OOO
   - 저서
   - 기사
   - 신념
   - 가치관
   - 능력
   - 특성

   롤모델에 대한 기사 수집하고, 저서등 관련 책을 읽은 것을 정리한 것을 프린트하여, 파일로 정리해보자. 파일 겉면에는 이름도 붙여본다.
3. 나의 롤 모델의 성공요인 키워드 3개 뽑아본다.
4. 그 사람의 특징 중에서 나도 이미 가진 것은 무엇인가?
   그 사람은 가지고 있지 않지만, 내가 가진 것은 무엇인가??
5. 한 시간 동안 내가 닮고 싶은 롤모델이 된 것처럼 행동해보자. 그 롤모델의 표정과 제스추어를 따라해보고, 그 사람처럼 말해봐라. 완벽하게 그 사람이 되어봐라. 무엇이 보이는가?

[Activity] 나의 롤모델 만들기

1. 자신이 좋아하거나 존경하는 사람을 선택하고, 그 사람을 롤모델로 정한다.
2. 롤모델의 일화 중 자신에게 의미있고, 기억에 남는 것을 한 가지 뽑는다.
3. A4용지를 8등분하여, 선택한 일화를 광고 스토리보드처럼 나눠서 적는다.
4. 롤모델과 관련된 이미지도 삽입한다.
5. 마지막 장에는 롤모델로부터 영향받아서 행동하고 싶은 것을 한 문장으로 적는다.

∨ 나의 롤모델을 벤치마킹한다.

　꿈과 목표는 내가 나아가야할 목표지점을 제공해주고, 롤모델은 가능한 방법을 제시해준다.

나의 롤모델

'Freedom'
튼튼한 심장으로
자유롭게
날아라.

Contents

Chapter 05

'Freedom'
튼튼한 심장으로 자유롭게 날아라.

1. 나만의 인생지도를 그려라.

도토리는 떡갈나무가 되기로 정해져있다. 이미 알고 있기 때문에, 우리는 작은 도토리를 보고도 큰 떡갈나무가 될 것이라는 것을 전혀 의심하지 않는다. 우리에게는 무한한 가능성이 있다. 그 가능성을 발견하고, 어떻게 키우느냐에 따라서 우리는 우리가 어떤 사람이 될지 정할 수가 있다.

인생의 지도는 대학 1,2학년 때 만들어서 인생의 방향을 설정해야 한다. 1,2학년때 인생의 비전과 목표를 정립하고, 그것에 맞춘 세부 계획들을 재학기간동안 실천해가며, 다양한 삶을 직,간접적으로 체험하는 시기이다.

비전과 목표를 토대로 인생지도를 그려라.

목표를 한 문장으로 작성해본다. 목표설정의 3p공식은 positive(긍정문), present(현재시제), personal (1인칭)에 맞게 문장을 쓰고 행하는 것이다.

📝 경험지도(경험 map)

리스트 50을 1, 2, 3, 4학년에 나누어서 적어본다/이룰 날짜를 적는다.

읽을 책 / 영화/ 공연 /문화 지도 (my culture map)

롤모델 지도 (Rolemodel map)

롤모델의 성공, 성취의 발자취를 그려보는 지도.

경력 지도 (career map)

(시기별 계획: 1, 2, 3, 4학년)

	1학년	2학년	3학년	4학년
K(Knoweldge)				
S(Skill)				
A(Attitude)				

📝 졸업후 지도 (my vision map)

3, 5, 10년, 20년후 지도

2. 나의 ZONE에서 진로 Road Map을 만들어라.

어떤 일을 하든 자기 이해에서 출발해야한다. 가치관을 기반으로 흥미, 재능, 성격을 통해 자신의 진로를 설정하고, 그에 맞는 직업을 찾아서 조사해보고, 경험하고, 준비하여야한다.

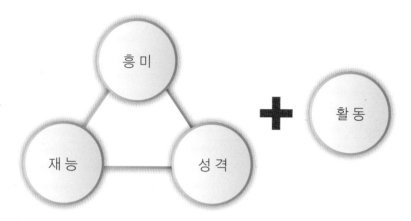

선택한 직업 3가지와 그 직업에 대해 조사해보자. 직업조사는 http://work.go.kr 에서 참조한다.

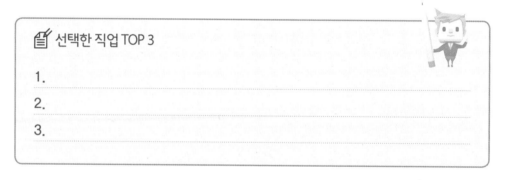

📝 선택한 직업 TOP 3

1.

2.

3.

직업명1		유사한 관련 직업	
직업 개요 및 특성			
준비방법			
요구되는 적성, 흥미			
자격요건			
경제적 대우			
이 직업의 현재와 10년 후 전망			
핵심역량	[지식 및 기술] 전공지식, 외국어, 직무관련자격증 등		
	[경험] 어학연수/ 교환학생,인턴쉽, 공모전, 봉사활동, 소학회/동아리, 기타(알바등)		

직업명2		유사한 관련 직업	
직업 개요 및 특성			
준비방법			
요구되는 적성, 흥미			
자격요건			
경제적 대우			
이 직업의 현재와 10년 후 전망			
핵심역량	[지식 및 기술] 전공지식, 외국어, 직무관련자격증 등		
	[경험] 어학연수/ 교환학생, 인턴쉽, 공모전, 봉사활동, 소학회/동아리, 기타(알바등)		

직업명3		유사한 관련 직업	
직업 개요 및 특성			
준비방법			
요구되는 적성, 흥미			
자격요건			
경제적 대우			
이 직업의 현재와 10년 후 전망			
핵심역량	[지식 및 기술] 전공지식, 외국어, 직무관련자격증 등		
	[경험] 어학연수/교환학생,인턴쉽, 공모전, 봉사활동, 소학회/동아리, 기타(알바등)		

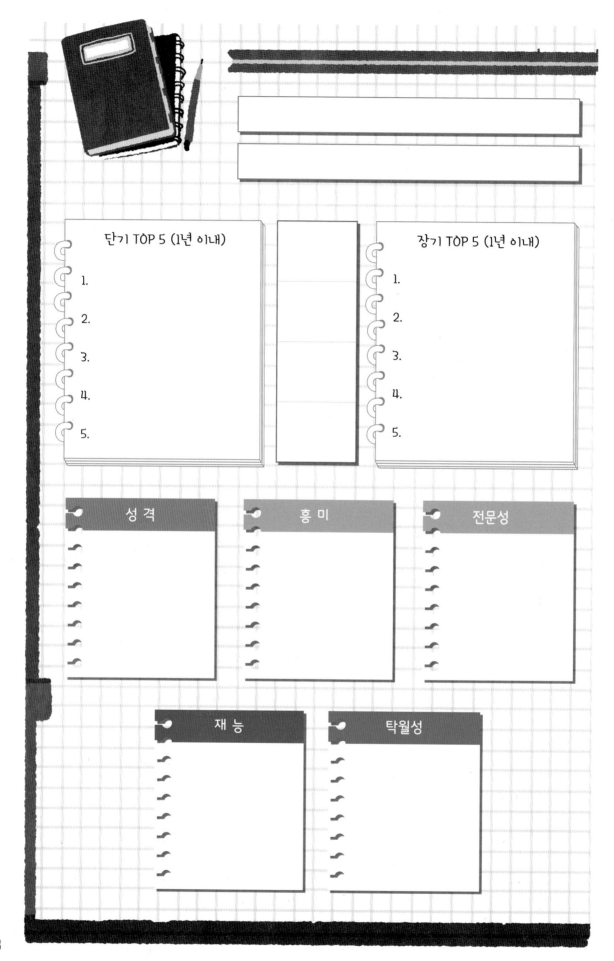

단기 TOP 5 (1년 이내)

1.

2.

3.

4.

5.

장기 TOP 5 (1년 이내)

1.

2.

3.

4.

5.

성 격

흥 미

전문성

재 능

탁월성

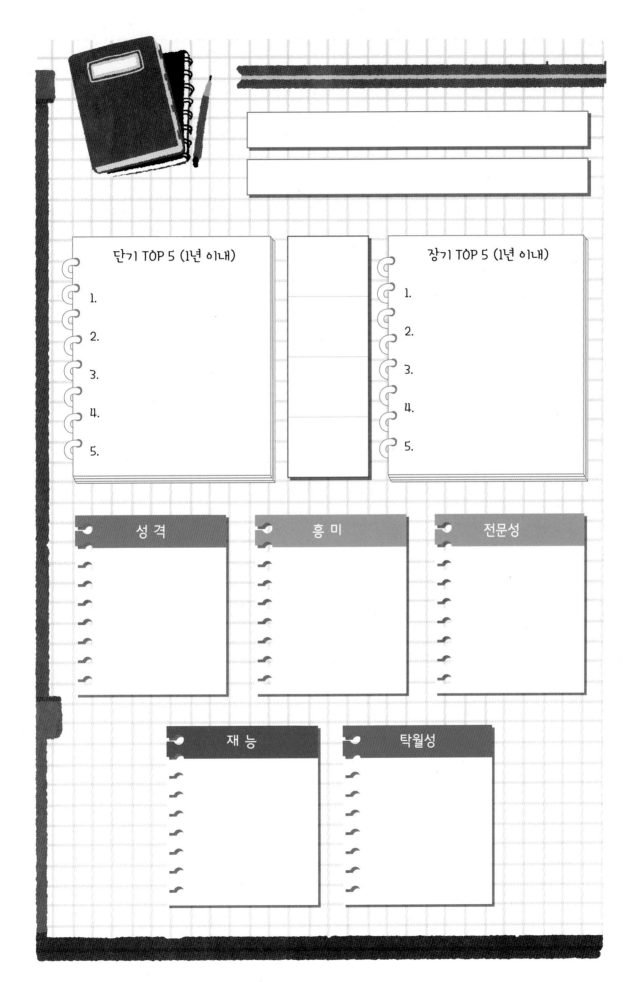

단기 TOP 5 (1년 이내)

1.

2.

3.

4.

5.

장기 TOP 5 (1년 이내)

1.

2.

3.

4.

5.

성 격

흥 미

전문성

재 능

탁월성

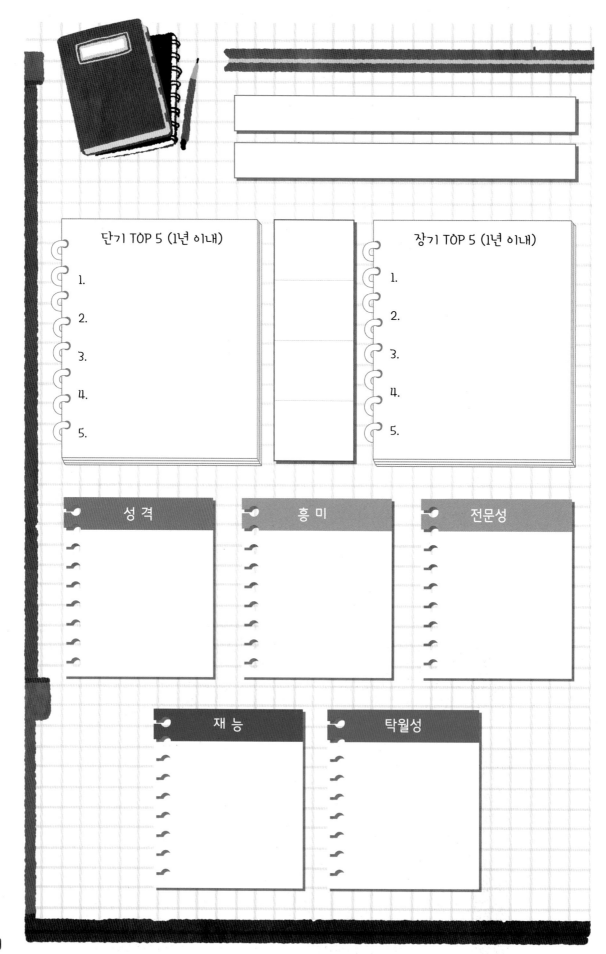

단기 TOP 5 (1년 이내)

1.

2.

3.

4.

5.

장기 TOP 5 (1년 이내)

1.

2.

3.

4.

5.

성 격

흥 미

전문성

재 능

탁월성

이름: _____   _____년 _____월 _____일

📋 Learn (오늘의 수업내용, 지식, 활동)

_____
_____
_____
_____
_____

📋 Feel (오늘 수업 시간을 통해 느낀 점)

_____
_____
_____
_____
_____

📋 Act (오늘 수업 시간을 통해 이제부터 내가 행동 또는 실행할 것)

_____
_____
_____
_____
_____

이름: _____   _____ 년 _____ 월 _____ 일

📋 Learn (오늘의 수업내용, 지식, 활동)

_____

_____

_____

_____

_____

📋 Feel (오늘 수업 시간을 통해 느낀 점)

_____

_____

_____

_____

_____

📋 Act (오늘 수업 시간을 통해 이제부터 내가 행동 또는 실행할 것)

_____

_____

_____

_____

_____

이름: _____   _____년 _____월 _____일

📑 Learn (오늘의 수업내용, 지식, 활동)

_____

_____

_____

_____

_____

📑 Feel (오늘 수업 시간을 통해 느낀 점)

_____

_____

_____

_____

_____

📑 Act (오늘 수업 시간을 통해 이제부터 내가 행동 또는 실행할 것)

_____

_____

_____

_____

_____

이름: _____   _____년 _____월 _____일

📋 Learn (오늘의 수업내용, 지식, 활동)

_____

_____

_____

_____

_____

📋 Feel (오늘 수업 시간을 통해 느낀 점)

_____

_____

_____

_____

_____

_____

📋 Act (오늘 수업 시간을 통해 이제부터 내가 행동 또는 실행할 것)

_____

_____

_____

_____

_____

이름: _____   _____년 _____월 _____일

📑 Learn (오늘의 수업내용, 지식, 활동)

_____

_____

_____

_____

📑 Feel (오늘 수업 시간을 통해 느낀 점)

_____

_____

_____

_____

📑 Act (오늘 수업 시간을 통해 이제부터 내가 행동 또는 실행할 것)

_____

_____

_____

_____

이름: _____   _____년 _____월 _____일

📑 Learn (오늘의 수업내용, 지식, 활동)

_____

_____

_____

_____

_____

📑 Feel (오늘 수업 시간을 통해 느낀 점)

_____

_____

_____

_____

_____

📑 Act (오늘 수업 시간을 통해 이제부터 내가 행동 또는 실행할 것)

_____

_____

_____

_____

_____

이름: _____   _____년 _____월 _____일

📑 Learn (오늘의 수업내용, 지식, 활동)

_____

_____

_____

_____

_____

📑 Feel (오늘 수업 시간을 통해 느낀 점)

_____

_____

_____

_____

_____

📑 Act (오늘 수업 시간을 통해 이제부터 내가 행동 또는 실행할 것)

_____

_____

_____

_____

_____

이름: _____   _____년 _____월 _____일

🗒 Learn (오늘의 수업내용, 지식, 활동)

_____

_____

_____

_____

_____

🗒 Feel (오늘 수업 시간을 통해 느낀 점)

_____

_____

_____

_____

_____

🗒 Act (오늘 수업 시간을 통해 이제부터 내가 행동 또는 실행할 것)

_____

_____

_____

_____

_____

이름: _____   _____년 _____월 _____일

📋 Learn (오늘의 수업내용, 지식, 활동)

_____

_____

_____

_____

_____

📋 Feel (오늘 수업 시간을 통해 느낀 점)

_____

_____

_____

_____

_____

📋 Act (오늘 수업 시간을 통해 이제부터 내가 행동 또는 실행할 것)

_____

_____

_____

_____

_____

이름: _____   _____년 _____월 _____일

📋 Learn (오늘의 수업내용, 지식, 활동)

_____

_____

_____

_____

_____

📋 Feel (오늘 수업 시간을 통해 느낀 점)

_____

_____

_____

_____

_____

📋 Act (오늘 수업 시간을 통해 이제부터 내가 행동 또는 실행할 것)

_____

_____

_____

_____

_____

이름: _____   _____년 _____월 _____일

▤ Learn (오늘의 수업내용, 지식, 활동)

_____

_____

_____

_____

_____

▤ Feel (오늘 수업 시간을 통해 느낀 점)

_____

_____

_____

_____

_____

▤ Act (오늘 수업 시간을 통해 이제부터 내가 행동 또는 실행할 것)

_____

_____

_____

_____

_____

이름: _____   _____ 년 _____ 월 _____ 일

📄 Learn (오늘의 수업내용, 지식, 활동)

_____

_____

_____

_____

_____

📄 Feel (오늘 수업 시간을 통해 느낀 점)

_____

_____

_____

_____

_____

📄 Act (오늘 수업 시간을 통해 이제부터 내가 행동 또는 실행할 것)

_____

_____

_____

_____

이름: _____   _____년 _____월 _____일

📋 Learn (오늘의 수업내용, 지식, 활동)

_____

_____

_____

_____

_____

📋 Feel (오늘 수업 시간을 통해 느낀 점)

_____

_____

_____

_____

_____

📋 Act (오늘 수업 시간을 통해 이제부터 내가 행동 또는 실행할 것)

_____

_____

_____

_____

이름: _____   _____년 _____월 _____일

📋 Learn (오늘의 수업내용, 지식, 활동)

_____

_____

_____

_____

_____

📋 Feel (오늘 수업 시간을 통해 느낀 점)

_____

_____

_____

_____

_____

📋 Act (오늘 수업 시간을 통해 이제부터 내가 행동 또는 실행할 것)

_____

_____

_____

_____

_____

이름: _____   _____ 년 _____ 월 _____ 일

🗒 Learn (오늘의 수업내용, 지식, 활동)

_____

_____

_____

_____

_____

🗒 Feel (오늘 수업 시간을 통해 느낀 점)

_____

_____

_____

_____

_____

🗒 Act (오늘 수업 시간을 통해 이제부터 내가 행동 또는 실행할 것)

_____

_____

_____

_____

_____

저자 소개

| 이 미 연 |

현재 대학원에서 심신통합치유학 박사과정 중에 있으며, 대학생들과 성인들의 진로와 기질, 감정치유 분야에서 활발히 활동하고 있다. 라이프코칭, 역량강화코칭, 감정해소코칭, 심신밸런스코칭, 멘탈코칭을 통해 자신의 가능성을 발견하여, 탁월함을 최대로 발휘하게 하는 힐링을 포함한 코칭을 하고 있다.

現) M2B (Mental Mind Body) Coaching 소장
現) 사람들에게 평화를 힐러

現) 수원대학교 자기관리와 미래설계 외래교수
  – 국제코치연맹 ICF 인증 전문코치(ACC)
  – 국제공인 에니어그램 트레이너
  – NLP / EFT/ Reiki Master Practitioner
  – SK(Specialized Kinesiology) 인스트럭터
  – 프레디저(Prediger) 전문강사

• 블로그 : http://alicecoach.kr
• E-mail : happyalice79@naver.com

진로코칭 워크북

초판 1쇄 인쇄 2017년 7월 15일
초판 1쇄 발행 2017년 7월 20일
저   자 이 미 연
펴 낸 이 임 순 재
펴 낸 곳 (주)한올출판사
등   록 제11-403호
주   소 서울시 마포구 모래내로 83(성산동, 한올빌딩 3층)
전   화 (02)376-4298(대표)
팩   스 (02)302-8073
홈페이지 www.hanol.co.kr
e - 메 일 hanol@hanol.co.kr
I S B N 979-11-5685-591-0